차이를 만들면 **특별함**이 생긴다!

표현력 키우는
꾸밈말 글쓰기

올바른초등교육연구소 지음 · 권도언 그림

다락원

머리말

 와, 민준이가 방긋방긋 웃는다!

 그러네! 그런데 왜 '웃는다'가 아니라 '방긋방긋 웃는다'라고 한 거야?

 그게 더 귀엽고 생생하게 느껴지지 않아?

 맞아. 말만 들어도 민준이가 웃는 모습이 떠오르긴 해.

우리말에는 어떤 모습이나 느낌을 더 생생하게 전해 주는 단어가 있어요. 바로 '꾸밈말'이죠. 꾸밈말은 명사, 동사, 형용사 등 다른 말의 앞에 붙어서 모양, 소리, 기분, 정도, 분위기를 꾸며 주는 말이에요.

예를 들어 '걸었다'는 단순한 동작이지만, '툭툭' 걸었는지, '성큼성큼' 걸었는지, '휘청휘청' 걸었는지에 따라 상상되는 장면이 완전히 달라져요. 이처럼 꾸밈말을 쓰면 문장이 훨씬 풍성하고 입체적으로 바뀌어요. 또 다른 예로, "나는 이불 속을 나와 집을 나섰다."라는 문장을 "나는 포근한 이불 속을 나와 슬슬 집을 나섰다."라는 문장으로 바꾸어 볼게요. 글쓴이의 느낌, 기분까지도 자연스럽게 느껴지지 않나요? 이와 같이 꾸밈말 하나로 글의 분위기를 효과적으로 전달할 수 있어요.

그렇다면 꾸밈말을 공부하는 건 어떤 점에서 좋을까요?

첫째, 표현력이 쑥쑥 자라요.

자기 생각과 느낌을 더 다양하고 정확하게 표현할 수 있게 돼요. 예를 들어 "기분이 좋았다." 대신 "짜릿한 기분이 들었다.", "신나는 하루였다."처럼 자신만의 감정을 생생하게 쓸 수 있어요. 글을 읽는 사람도 덩달아 기분이 좋아지겠죠?

둘째, 글을 읽는 힘이 길러져요.

문학 작품이나 그림책 속에는 다양한 꾸밈말이 숨어 있어요. 그 말들을 잘 알고 있으면 작가가 어떤 기분과 상황을 표현했는지 더 잘 이해할 수 있어요. 그러면 책이 훨씬 재미있게 느껴질 거예요.

셋째, 상상력과 감정 표현 능력이 향상돼요.

꾸밈말을 공부한다는 건 단순히 몇 가지 단어를 외우는 걸로 끝나는 게 아니에요. 어떤 상황을 떠올리고, 그때의 감정이나 모습을 섬세하게 살펴보는 훈련이기도 해요. 꾸밈말을 배우는 건, 결국 세상을 더 깊고 따뜻하게 바라보는 눈을 기르는 일이랍니다.

『표현력 키우는 꾸밈말 글쓰기』는 초등학교 국어 교과서와 아이들의 생활 속 표현을 분석해, 꼭 알아야 할 꾸밈말들을 골라 담은 책이에요. '주룩주룩, 슬그머니, 짝짝, 두근두근, 후다닥'처럼 귀에 익은 꾸밈말부터, '포근히, 꼼꼼히, 차근차근히, 활발히'처럼 일상에서 자주 쓰이는 꾸밈말들로 가득 채워져 있어요.

여러 가지 꾸밈말의 뜻과 예문을 살펴보고, 직접 따라 쓰며 문장에 활용해 보고, 문장 쓰기 놀이를 하다 보면 어느새 여러분의 글이 달라지는 걸 느낄 수 있을 거예요. 평범한 문장에 꾸밈말을 톡톡 넣으면 어떤 마법이 생기는지, 지금부터 함께 알아볼까요?

저자 올바른초등교육연구소

차례

머리말 … 2 | 책의 구성 … 6 | 진도표 … 7

1장 소개하는 글에 자주 쓰이는 꾸밈말

01 고소한 / 쫀득쫀득 / 가장 ………… 10
02 상쾌한 / 살랑살랑 / 아주 ………… 12
03 자상한 / 꼬물꼬물 / 항상 ………… 14
04 재미있는 / 냠냠 / 아직 ………… 16
05 예쁜 / 뒤뚱뒤뚱 / 자주 ………… 18
06 유쾌한 / 쓱쓱 / 성실히 ………… 20
07 바삭한 / 우걱우걱 / 특히 ………… 22
08 활발한 / 푸하하 / 늘 ………… 24
09 흥미로운 / 펄쩍펄쩍 / 점점 …… 26
10 선명한 / 알록달록 / 확실히 …… 28
11 깜찍한 / 깡충깡충 / 곧잘 ……… 30
12 아늑한 / 대롱대롱 / 가만히 …… 32
13 깔끔한 / 우르르 / 가끔 ………… 34
14 오래된 / 덜컹덜컹 / 멀리 ……… 36
15 헌 / 보득보득 / 꽤 ………………… 38

16 넓은 / 왁자지껄 / 종종 ………… 40
17 감동적인 / 휘리릭 / 빨리 ……… 42
18 즐거운 / 낄낄 / 수시로 ………… 44
19 멋진 / 졸졸 / 매우 ……………… 46
20 감미로운 / 뚜벅뚜벅 / 자꾸 …… 48
21 깨끗한 / 방긋 / 여전히 ………… 50
22 친절한 / 삐걱삐걱 / 이따금 …… 52
23 상냥한 / 쾅 / 때때로 …………… 54
24 남다른 / 으쓱 / 흔히 …………… 56
25 새 / 미끌미끌 / 힘껏 …………… 58
26 우아한 / 뚝딱뚝딱 / 열심히 …… 60
27 편안한 / 데굴데굴 / 천천히 …… 62
28 아름다운 / 하늘하늘 / 사뿐히 … 64
29 특별한 / 키득키득 / 가까이 …… 66
30 화사한 / 뾰족뾰족 / 은은히 …… 68

2장 경험을 담은 글에 자주 쓰이는 꾸밈말

31 설레는 / 두근두근 / 살짝 ………… 72
32 신나는 / 와르르 / 꼼꼼히 ………… 74
33 포근한 / 주룩주룩 / 슬슬 ………… 76
34 불편한 / 후들후들 / 슬그머니 …… 78
35 맛있는 / 톡톡 / 잠시 ……………… 80
36 맨 / 엉엉 / 급히 …………………… 82
37 속상한 / 투덜투덜 / 결국 ………… 84
38 푸른 / 찰랑찰랑 / 갑자기 ………… 86
39 짜릿한 / 헉헉 / 꾸준히 …………… 88
40 무서운 / 쿵쿵 / 잔뜩 ……………… 90
41 그 / 휘청휘청 / 조용히 …………… 92
42 소중한 / 짝짝 / 살며시 …………… 94
43 당황스러운 / 훌쩍훌쩍 / 얼른 …… 96
44 여러 / 쫄쫄 / 차근차근히 ………… 98
45 특이한 / 후다닥 / 또렷이 ………… 100

46 귀여운 / 어슬렁어슬렁 / 휘둥그레 …… 102
47 쿵 / 쿵쾅쿵쾅 / 활발히 …………… 104
48 새하얀 / 펑펑 / 포근히 …………… 106
49 저 / 구깃구깃 / 깜짝 ……………… 108
50 흥미진진한 / 덜거덩덜거덩 / 용감히 … 110
51 첫 / 따르릉 / 서서히 ……………… 112
52 평화로운 / 사각사각 / 한가로이 … 114
53 반가운 / 찌릿찌릿 / 활짝 ………… 116
54 진지한 / 또르르 / 부지런히 ……… 118
55 반짝이는 / 사르르 / 고요히 ……… 120
56 시원한 / 철썩철썩 / 하마터면 …… 122
57 기쁜 / 까르르 / 슬쩍 ……………… 124
58 그까짓 / 뚝뚝 / 분명히 …………… 126
59 푸짐한 / 차곡차곡 / 열성껏 ……… 128
60 아픈 / 절뚝절뚝 / 조심히 ………… 130

책의 구성

이 책은 꾸밈말을 쉽게 익힐 수 있도록 4단계 공부법으로 구성되어 있어요. 아래 순서대로 시작해 보세요!

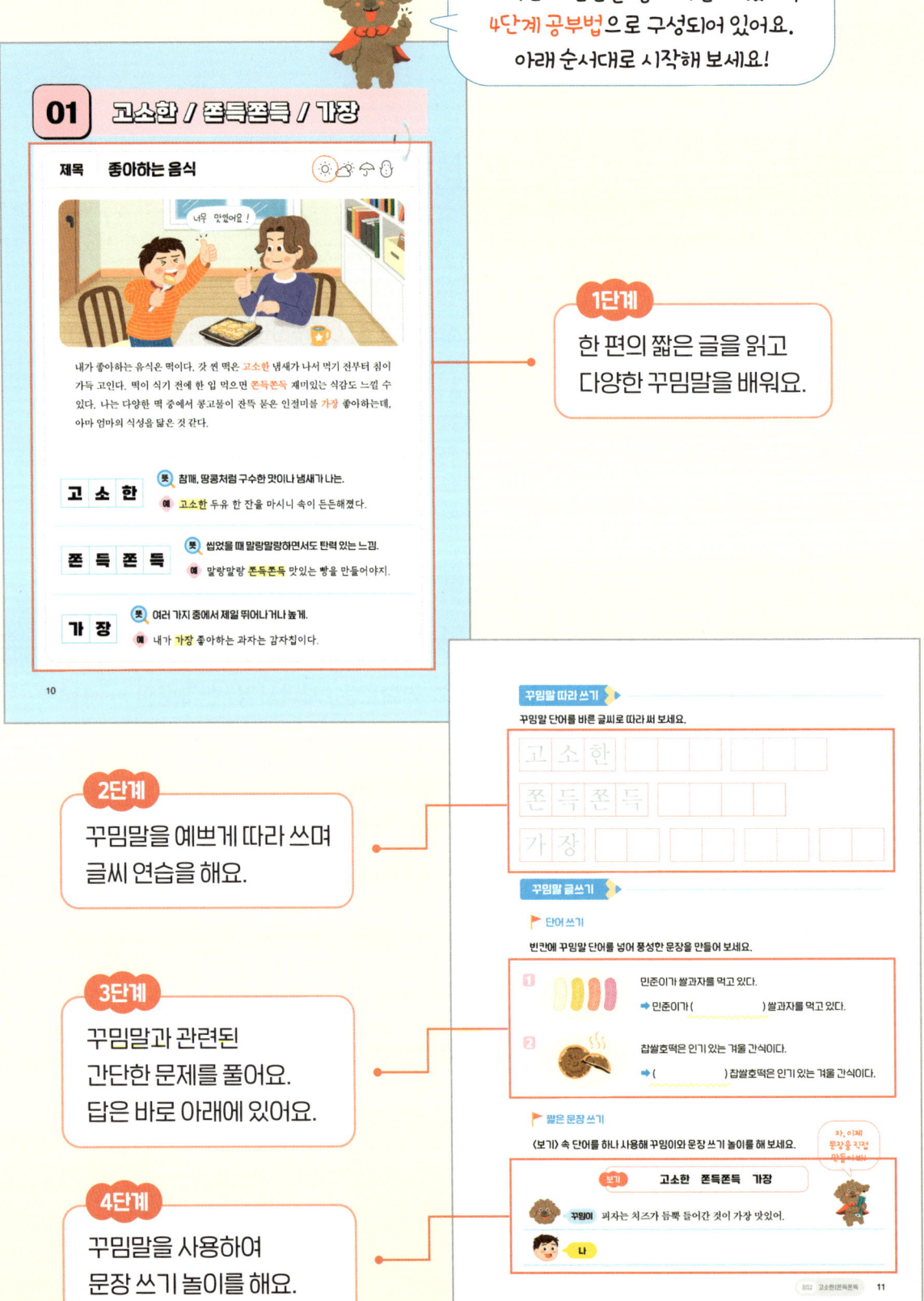

1단계 한 편의 짧은 글을 읽고 다양한 꾸밈말을 배워요.

2단계 꾸밈말을 예쁘게 따라 쓰며 글씨 연습을 해요.

3단계 꾸밈말과 관련된 간단한 문제를 풀어요. 답은 바로 아래에 있어요.

4단계 꾸밈말을 사용하여 문장 쓰기 놀이를 해요.

진 도 표

학습한 꾸밈말 칸을 체크해요. 차근차근 모든 칸을 체크하면 180개 꾸밈말 완전 정복!

고소한 쫀득쫀득 가장	감미로운 뚜벅뚜벅 자꾸	깨끗한 방긋 여전히	무서운 쿵쿵 잔뜩	그 휘청휘청 조용히	아픈 절뚝절뚝 조심히
상쾌한 살랑살랑 아주	멋진 졸졸 매우	친절한 삐걱삐걱 이따금	짜릿한 헉헉 꾸준히	소중한 짝짝 살며시	푸짐한 차곡차곡 열성껏
자상한 꼬물꼬물 항상	즐거운 낄낄 수시로	상냥한 쾅 때때로	푸른 찰랑찰랑 갑자기	당황스러운 훌쩍훌쩍 얼른	그까짓 뚝뚝 분명히
재미있는 냠냠 아직	감동적인 휘리릭 빨리	남다른 으쓱 흔히	속상한 투덜투덜 결국	여러 쫄쫄 차근차근히	기쁜 까르르 슬쩍
예쁜 뒤뚱뒤뚱 자주	넓은 왁자지껄 종종	새 미끌미끌 힘껏	맨 엉엉 급히	특이한 후다닥 또렷이	시원한 철썩철썩 하마터면
유쾌한 쓱쓱 성실히	헌 뽀득뽀득 꽤	우아한 뚝딱뚝딱 열심히	맛있는 톡톡 잠시	귀여운 어슬렁어슬렁 휘둥그레	반짝이는 사르르 고요히
바삭한 우걱우걱 특히	오래된 덜컹덜컹 멀리	편안한 데굴데굴 천천히	불편한 후들후들 슬그머니	총 쿵쾅쿵쾅 활발히	진지한 또르르 부지런히
활발한 푸하하 늘	깔끔한 우르르 가끔	아름다운 하늘하늘 사뿐히	포근한 주룩주룩 슬슬	새하얀 펑펑 포근히	반가운 찌릿찌릿 활짝
흥미로운 펄쩍펄쩍 점점	아늑한 대롱대롱 가만히	특별한 키득키득 가까이	신나는 와르르 꼼꼼히	저 구깃구깃 깜짝	평화로운 사각사각 한가로이
선명한 알록달록 확실히	깜찍한 깡충깡충 곧잘	화사한 뾰족뾰족 은은히	설레는 두근두근 살짝	흥미진진한 덜거덩덜거덩 용감히	첫 따르릉 서서히

1장

소개하는 글에
자주 쓰이는 꾸밈말

소개하는 글은 내가 좋아하거나 자주 보는 것을
다른 사람에게 말하듯 쓰는 글이에요.

장소나 친구, 책, 간식 같은 것을 소개할 때는 그 대상이 어떤 모습인지 꾸며 주는 말이 꼭 필요해요. 이런 글에서는 보통 모양이나 느낌, 소리를 잘 보여 주는 형용사와 의성어, 의태어가 자주 쓰여요. 예를 들어 '예쁜, 깨끗한, 깜찍한' 같은 형용사는 소개하는 대상의 모습을 잘 보여 줘요. '졸졸, 데굴데굴, 덜컹덜컹'처럼 소리나 움직임을 흉내 낸 말도 글을 생생하게 만들어 주고요. 이처럼 꾸밈말을 사용하면 읽는 사람도 마치 눈앞에 그 모습이 보이는 것처럼 느낄 수 있어요.

01 고소한 / 쫀득쫀득 / 가장

| 제목 | 좋아하는 음식 |

내가 좋아하는 음식은 떡이다. 갓 찐 떡은 **고소한** 냄새가 나서 먹기 전부터 침이 가득 고인다. 떡이 식기 전에 한 입 먹으면 **쫀득쫀득** 재미있는 식감도 느낄 수 있다. 나는 다양한 떡 중에서 콩고물이 잔뜩 묻은 인절미를 **가장** 좋아하는데, 아마 엄마의 식성을 닮은 것 같다.

고 소 한
- 뜻: 참깨, 땅콩처럼 구수한 맛이나 냄새가 나는.
- 예: **고소한** 두유 한 잔을 마시니 속이 든든해졌다.

쫀 득 쫀 득
- 뜻: 씹었을 때 말랑말랑하면서도 탄력 있는 느낌.
- 예: 말랑말랑 **쫀득쫀득** 맛있는 빵을 만들어야지.

가 장
- 뜻: 여러 가지 중에서 제일 뛰어나거나 높게.
- 예: 내가 **가장** 좋아하는 과자는 감자칩이다.

꾸밈말 따라 쓰기

꾸밈말 단어를 바른 글씨로 따라 써 보세요.

고	소	한						

쫀	득	쫀	득					

가	장							

꾸밈말 글쓰기

🚩 **단어 쓰기**

빈칸에 꾸밈말 단어를 넣어 풍성한 문장을 만들어 보세요.

1. 민준이가 쌀과자를 먹고 있다.
➡ 민준이가 (　　　　　) 쌀과자를 먹고 있다.

2. 찹쌀호떡은 인기 있는 겨울 간식이다.
➡ (　　　　　) 찹쌀호떡은 인기 있는 겨울 간식이다.

🚩 **짧은 문장 쓰기**

〈보기〉 속 단어를 하나 사용해 꾸밈이와 문장 쓰기 놀이를 해 보세요.

> 자, 이제 문장을 직접 만들어 봐!

보기　　고소한　쫀득쫀득　가장

꾸밈이　피자는 치즈가 듬뿍 들어간 것이 가장 맛있어.

나

정답　고소한/쫀득쫀득

02 상쾌한 / 살랑살랑 / 아주

제목 좋아하는 계절

내가 좋아하는 계절은 봄이다. 봄이 되면 길가에는 예쁜 꽃이 피고 새싹도 **아주** 푸르게 자란다. 그리고 **상쾌한** 바람이 불기도 한다. **살랑살랑** 부는 봄바람을 맞으며 공원에서 뛰어노는 것은 정말 재미있다. 나는 따뜻하고 포근한 봄이 오기를 항상 기다린다.

상쾌한
- 뜻) 느낌이 맑고 시원하며 산뜻한.
- 예) 아침에 상쾌한 공기를 마시며 공원을 걸었다.

살랑살랑
- 뜻) 조금 사늘한 바람이 가볍고 부드럽게 부는 모양.
- 예) 살랑살랑 부는 바람에 들판의 꽃들이 춤을 춘다.

아주
- 뜻) 보통 정도를 훨씬 넘어선 상태.
- 예) 냉장고에 간식이 아주 많아서 보기만 해도 행복하다.

꾸밈말 따라 쓰기

꾸밈말 단어를 바른 글씨로 따라 써 보세요.

| 상 | 쾌 | 한 | | | | | | |

| 살 | 랑 | 살 | 랑 | | | | | |

| 아 | 주 | | | | | | | |

꾸밈말 글쓰기

🚩 단어 고르기

빈칸에 들어갈 알맞은 꾸밈말을 찾아 ✓표 해 보세요.

1. 봄바람이 (　　　) 불어 나뭇잎이 가볍게 흔들렸다.
   ☐ 살랑살랑   ☐ 훌쩍훌쩍

2. 가을 산에 오르면 (　　　) 바람이 불어 땀이 금방 식는다.
   ☐ 상쾌한   ☐ 매운

🚩 짧은 문장 쓰기

〈보기〉 속 단어를 하나 사용해 꾸밈이와 문장 쓰기 놀이를 해 보세요.

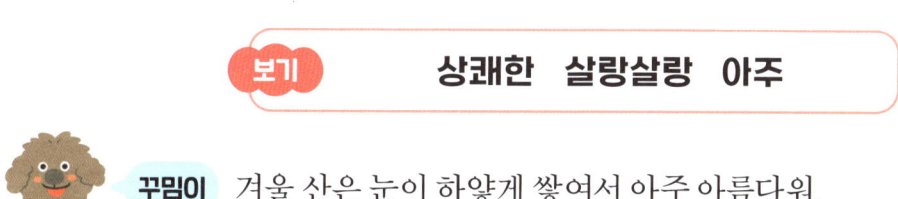

보기　　상쾌한　살랑살랑　아주

꾸밈이: 겨울 산은 눈이 하얗게 쌓여서 아주 아름다워.

 나:

03 자상한 / 꼬물꼬물 / 항상

| 제목 | 우리 가족 |  |

우리 가족은 네 명이다. 아빠는 **자상한** 분이시라 내가 힘든 일을 겪을 때 **항상** 도와주시고, 엄마는 요리를 잘하셔서 매일 맛있는 음식을 만들어 주신다. 이제 두 살이 된 동생은 궁금한 게 많은지 자꾸만 작은 손으로 **꼬물꼬물** 무언가를 만지곤 한다. 나는 우리 가족이 세상에서 제일 좋다.

자 상 한
- 뜻) 다른 사람을 잘 챙겨 주고 따뜻하게 대해 주는.
- 예) 선생님께서는 나를 자상한 눈길로 바라봐 주신다.

꼬 물 꼬 물
- 뜻) 매우 천천히 자꾸 움직이는 모양.
- 예) 작은 달팽이가 먹이를 향해 꼬물꼬물 기어간다.

항 상
- 뜻) 언제나 똑같이.
- 예) 엄마는 내가 학교에 갈 때 항상 응원해 주신다.

꾸밈말 따라 쓰기

꾸밈말 단어를 바른 글씨로 따라 써 보세요.

| 자 | 상 | 한 | | | | | | |

| 꼬 | 물 | 꼬 | 물 | | | | |

| 항 | 상 | | | | | | | |

꾸밈말 글쓰기

🚩 OX 퀴즈

꾸밈말을 바르게 사용했으면 ○표, 틀리게 사용했으면 ×표 해 보세요.

1. 할머니는 자상한 손길로 나를 쓰다듬어 주신다.

2. 애벌레가 나뭇잎 위에서 꼬물꼬물 움직이고 있다.

3. 하늘은 항상 구름 한 점 없이 맑다.

🚩 짧은 문장 쓰기

〈보기〉 속 단어를 하나 사용해 꾸밈이와 문장 쓰기 놀이를 해 보세요.

보기 자상한 꼬물꼬물 항상

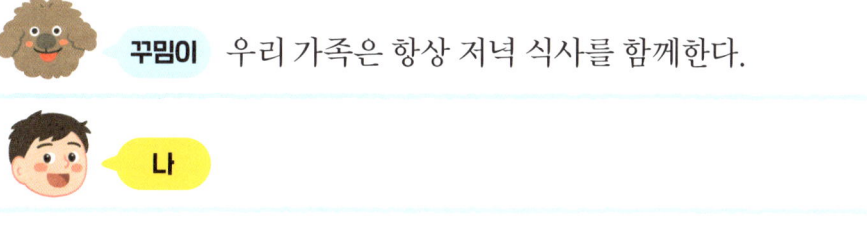

꾸밈이: 우리 가족은 항상 저녁 식사를 함께한다.

나:

04 재미있는 / 냠냠 / 아직

| 제목 | 키우고 싶은 동물 |  |

내가 키우고 싶은 동물은 토끼다. 토끼는 **재미있는** 행동을 많이 해서 보기만 해도 기분이 좋아진다. 특히 토끼가 당근을 **냠냠** 먹는 모습은 정말 귀엽다. 나는 **아직** 토끼를 키우고 있지는 않지만, 언젠가 꼭 키워 보고 싶다. 만약 토끼를 키우게 되면 매일 돌봐 주고 함께 놀아 줄 거다.

재 미 있 는
- 뜻: 웃음이 나거나 즐거운 기분이 드는.
- 예: 놀이공원에서 **재미있는** 퍼레이드가 펼쳐졌다.

냠 냠
- 뜻: 음식을 맛있게 먹는 소리.
- 예: 아이들이 삼삼오오 모여서 과자를 **냠냠** 맛있게 먹는다.

아 직
- 뜻: 무엇이 끝나지 않거나 시간이 더 필요한 상태.
- 예: 강아지는 **아직** 작아서 계단을 혼자 올라가지 못한다.

꾸밈말 따라 쓰기

꾸밈말 단어를 바른 글씨로 따라 써 보세요.

| 재 | 미 | 있 | 는 | | | | |

| 냠 | 냠 | | | | | | |

| 아 | 직 | | | | | | |

꾸밈말 글쓰기

🚩 선 연결하기

문장에 가장 잘 어울리는 꾸밈말을 연결해 보세요.

1 서아가 젤리를 (   ) 맛있게 먹고 있다. •   • ㄱ 아직

2 겨울이 오려면 (   ) 멀었다.   •   • ㄴ 재미있는

3 오늘은 어떤 (   ) 일들이 벌어질까?   •   • ㄷ 냠냠

🚩 짧은 문장 쓰기

〈보기〉 속 단어를 하나 사용해 꾸밈이와 문장 쓰기 놀이를 해 보세요.

보기   재미있는 냠냠 아직

꾸밈이 나는 주말에 엄마랑 재미있는 영화를 봤어.

나

05 예쁜 / 뒤뚱뒤뚱 / 자주

| 제목 | 내 동생 |  |

두 살짜리 내 동생은 정말 **예쁜** 아기다. 아직 아기라서 **뒤뚱뒤뚱** 걸어 다니는데, 그 모습이 진짜 귀엽다. 동생은 잘 웃는 성격이라 **자주** 웃지만, 가끔 울기도 한다. 그럴 때면 내가 장난감으로 달래 주는데, 금방 울음을 뚝 그친다. 아무래도 내 동생은 나랑 있을 때 가장 행복한 것 같다. 나도 동생이 있어서 참 좋다.

예쁜
- 뜻: 사랑스럽거나 귀엽고 보기에 좋은.
- 예: 친구가 새로 산 예쁜 필통을 자랑했다.

뒤뚱뒤뚱
- 뜻: 몸이 중심을 잃고 이리저리 흔들리는 모양.
- 예: 오리가 뒤뚱뒤뚱 걸어서 연못으로 들어갔다.

자주
- 뜻: 같은 일을 짧은 시간에 여러 번.
- 예: 나는 자주 읽는 동화책을 친구에게 빌려줬다.

꾸밈말 따라 쓰기

꾸밈말 단어를 바른 글씨로 따라 써 보세요.

예	쁜								

뒤	뚱	뒤	뚱					

자	주								

꾸밈말 글쓰기

🚩 단어 쓰기

빈칸에 꾸밈말 단어를 넣어 풍성한 문장을 만들어 보세요.

1.
펭귄이 얼음 위를 걷는 모습이 귀여웠다.
➡ 펭귄이 얼음 위를 (　　　　) 걷는 모습이 귀여웠다.

2.
우리 가족은 캠핑하러 산에 간다.
➡ 우리 가족은 캠핑하러 산에 (　　　　) 간다.

🚩 짧은 문장 쓰기

〈보기〉 속 단어를 하나 사용해 꾸밈이와 문장 쓰기 놀이를 해 보세요.

보기　　예쁜　뒤뚱뒤뚱　자주

 **꾸밈이** 우리 집 마당에는 예쁜 꽃들이 활짝 피어 있다.

 **나**

정답 뒤뚱뒤뚱/자주

06 유쾌한 / 쓱쓱 / 성실히

| 제목 | 좋아하는 과목 |  |

내가 좋아하는 과목은 미술이다. 나는 미술 시간마다 **유쾌한** 분위기에서 친구들과 즐겁게 그림을 그린다. 색연필로 선을 **쓱쓱** 그리다 보면 멋진 작품이 완성된다. 선생님께서는 그림을 잘 그리려면 **성실히** 연습해야 한다고 늘 말씀하신다. 그래서 나는 집에서도 시간을 내어 꾸준히 그림을 그리고 있다.

유 쾌 한
- 뜻: 기분이 좋고 즐거운.
- 예: 우리는 음악 시간에  노래를 부르며 즐거워했다.

쓱 쓱
- 뜻: 일을 빠르고 손쉽게 해내는 모양.
- 예: 우리 아빠는 어려운 일도 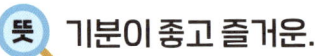 잘 해내신다.

성 실 히
- 뜻: 정성을 다해 열심히.
- 예: 발표를 앞두고  준비했다.

꾸밈말 따라 쓰기

꾸밈말 단어를 바른 글씨로 따라 써 보세요.

유	쾌	한						
쓱	쓱							
성	실	히						

꾸밈말 글쓰기

🚩 단어 고르기

빈칸에 들어갈 알맞은 꾸밈말을 찾아 ✓표 해 보세요.

1. 아이들이 (　　　) 웃음을 지으며 축구를 하고 있다.
   ☐ 유쾌한   ☐ 슬픈

2. 선생님께서 분필로 글자를 (　　　) 쓰셨다.
   ☐ 냠냠   ☐ 쓱쓱

🚩 짧은 문장 쓰기

〈보기〉 속 단어를 하나 사용해 꾸밈이와 문장 쓰기 놀이를 해 보세요.

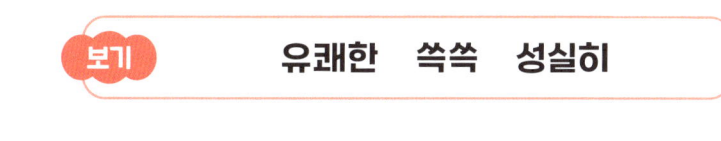

보기 　유쾌한　쓱쓱　성실히

꾸밈이 　나는 성실히 공부해서 꿈을 향해 나아갈 거야.

정답 유쾌한/쓱쓱   21

07 바삭한 / 우걱우걱 / 특히

| 제목 | 즐겨 먹는 간식 |  |

내가 즐겨 먹는 간식은 쿠키다. 쿠키는 **바삭한** 식감이 매력적이라 먹을 때마다 기분이 좋다. **우걱우걱** 씹을 때 나는 소리도 정말 재미있다. **특히** 초콜릿 조각이 들어간 쿠키는 다른 쿠키보다 더 달콤해서 맛있고, 입에서 사르르 녹는다. 엄마가 매일매일 간식으로 쿠키를 주시면 좋겠다.

바삭한
- 뜻: 깨물 때 가볍게 바스러지는. 또는 그런 소리가 나는.
- 예: 갓 튀긴 치킨을 한 입 베어 물면 바삭한 소리가 난다.

우걱우걱
- 뜻: 음식을 입안 가득 넣으면서 급하게 먹는 모양.
- 예: 형은 배가 고팠는지 빵을 우걱우걱 먹었다.

특히
- 뜻: 보통과 달리.
- 예: 나는 디저트 중에서 특히 케이크를 가장 좋아한다.

꾸밈말 따라 쓰기

꾸밈말 단어를 바른 글씨로 따라 써 보세요.

바	삭	한						
우	걱	우	걱					
특	히							

꾸밈말 글쓰기

🚩 **OX 퀴즈**

꾸밈말을 바르게 사용했으면 O표, 틀리게 사용했으면 X표 해 보세요.

1. 어제 먹은 감자칩은 정말 바삭한 식감의 과자였다. ☐

2. 새가 우걱우걱 노래를 부르고 있다. ☐

3. 나는 과일 중에서 특히 딸기를 좋아한다. ☐

🚩 **짧은 문장 쓰기**

〈보기〉 속 단어를 하나 사용해 꾸밈이와 문장 쓰기 놀이를 해 보세요.

보기: 바삭한 우걱우걱 특히

꾸밈이: 특히 이 3번 문제가 어려운 것 같아.

나:

정답 O/X/O

08 활발한 / 푸하하 / 늘

| 제목 | 내 친구 |  |

내 친구 지우는 우리 반에서 가장 **활발한** 친구다. 지우는 **늘** 먼저 나를 찾아와서 재미있는 이야기를 들려준다. 나는 지우의 이야기를 들을 때마다 웃음이 나서 **푸하하** 웃곤 한다. 우리는 둘 다 축구를 좋아해서 학교 수업이 끝난 뒤 운동장에서 같이 축구 할 때가 많다. 내년에도 지우와 같은 반이 되고 싶다.

활 발 한
- 뜻: 힘이 넘치고 생기 있으며 밝은.
- 예: 신이 난 민호는 **활발한** 걸음걸이로 집을 나섰다.

푸 하 하
- 뜻: 입을 크게 벌리고 웃는 소리나 모양.
- 예: 하준이가 웃긴 만화책을 읽고 **푸하하** 웃었다.

늘
- 뜻: 언제나 변하지 않고 계속.
- 예: 지원이는 **늘** 나를 도와주는 고마운 친구다.

꾸밈말 따라 쓰기

꾸밈말 단어를 바른 글씨로 따라 써 보세요.

활	발	한						
푸	하	하						
늘								

꾸밈말 글쓰기

🚩 선 연결하기

문장에 가장 잘 어울리는 꾸밈말을 연결해 보세요.

1. 아버지는 아침에 (　　) 텔레비전 뉴스를 보신다. •　　• ㄱ 푸하하

2. 재미있는 이야기를 들은 친구들이 (　　) 웃었다. •　　• ㄴ 늘

3. 원영이는 (　　) 성격이라 친구가 많다. •　　• ㄷ 활발한

🚩 짧은 문장 쓰기

〈보기〉 속 단어를 하나 사용해 꾸밈이와 문장 쓰기 놀이를 해 보세요.

보기　　활발한　푸하하　늘

꾸밈이: 가족과 함께하는 시간은 늘 즐겁고 행복하다.

나:

09 흥미로운 / 펄쩍펄쩍 / 점점

| 제목 | 좋아하는 운동 |

내가 좋아하는 운동은 줄넘기다. 줄넘기는 간단하면서도 흥미로운 동작이 많아서 재미있다. 줄을 넘을 때 펄쩍펄쩍 뛰다 보면 기분도 상쾌해진다. 그래서 요즘 나는 매일 줄넘기를 하고 있다. 그 덕분인지 실력도 점점 늘고 있다. 앞으로 다양한 동작을 배워서 줄넘기를 지금보다 더 잘하고 싶다.

흥미로운
- 뜻: 흥이 나고 재미있는.
- 예: 동화책에는 흥미로운 장면이 많다.

펄쩍펄쩍
- 뜻: 힘차게 높이 뛰어오르는 모양.
- 예: 돌고래 떼가 물 위로 펄쩍펄쩍 뛰어올랐다.

점점
- 뜻: 시간이 지나면서 조금씩 더하거나 덜하여지는 모양.
- 예: 지구 온난화는 지구가 점점 뜨거워지는 현상을 말한다.

꾸밈말 따라 쓰기

꾸밈말 단어를 바른 글씨로 따라 써 보세요.

흥	미	로	운			
펄	쩍	펄	쩍			
점	점					

꾸밈말 글쓰기

🚩 단어 쓰기

빈칸에 꾸밈말 단어를 넣어 풍성한 문장을 만들어 보세요.

1.  높이뛰기 선수들이 뛰어올랐다.
   ➡ 높이뛰기 선수들이 (   ) 뛰어올랐다.

2. 오랜만에 과학 실험을 했다.
   ➡ 오랜만에 (   ) 과학 실험을 했다.

🚩 짧은 문장 쓰기

〈보기〉속 단어를 하나 사용해 꾸밈이와 문장 쓰기 놀이를 해 보세요.

> **보기** 흥미로운 펄쩍펄쩍 점점

 **꾸밈이** 해가 지면서 하늘이 점점 빨갛게 물들었다.

 **나**

정답 펄쩍펄쩍/흥미로운

10 선명한 / 알록달록 / 확실히

| 제목 | 좋아하는 색깔 |  |

내가 좋아하는 색깔은 초록색이다. 초록색을 생각하면 **선명한** 나뭇잎과 풀밭이 떠오른다. 특히 **알록달록** 피어 있는 꽃들과 싱그러운 초록색 잎이 함께 있으면 더 아름답게 느껴진다. 세상에는 정말 다양한 색이 있지만, 그중에서 초록색은 **확실히** 나를 편안하게 만들어 주는 색인 것 같다.

선명한
- 뜻: 색깔이나 모습이 뚜렷하고 밝은.
- 예: 장미의 **선명한** 빨간색이 정말 예뻐 보였다.

알록달록
- 뜻: 여러 빛깔의 점이나 줄이 무늬를 이룬 모양.
- 예: 그림 속 건물들이 **알록달록** 색칠되어 있었다.

확실히
- 뜻: 틀림없이 분명하게.
- 예: 겨울에 목도리를 두르고 장갑을 끼면 **확실히** 덜 춥다.

꾸밈말 따라 쓰기

꾸밈말 단어를 바른 글씨로 따라 써 보세요.

선	명	한						
알	록	달	록					
확	실	히						

꾸밈말 글쓰기

🚩 단어 고르기

빈칸에 들어갈 알맞은 꾸밈말을 찾아 ✓표 해 보세요.

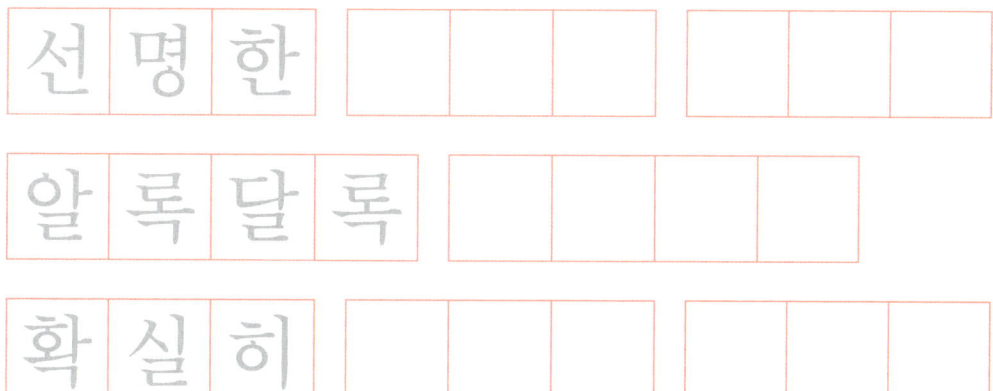

1 맑은 하늘 아래 (   ) 무지개가 떠 있다.
  ☐ 맛있는   ☐ 선명한

2 은주의 (   ) 화려한 옷이 내 눈을 사로잡았다.
  ☐ 알록달록   ☐ 지글지글

🚩 짧은 문장 쓰기

〈보기〉 속 단어를 하나 사용해 꾸밈이와 문장 쓰기 놀이를 해 보세요.

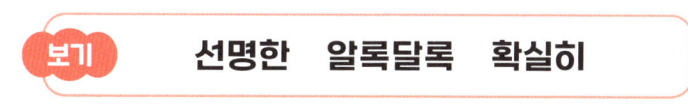
보기 선명한 알록달록 확실히

꾸밈이 내일은 확실히 비가 올 것 같아.

나

11 깜찍한 / 깡충깡충 / 곧잘

제목 우리 집 강아지

우리 집 강아지 이름은 나래다. 나래는 풍성한 하얀색 털을 가지고 있고, 깜찍한 리본을 달고 다닌다. 그리고 나래는 산책하러 갈 때마다 깡충깡충 뛰며 신나게 달린다. 공놀이할 때는 내가 던진 공을 곧잘 물어 와 나를 놀라게 하기도 한다. 나래와 함께 놀다 보면 너무 즐거워서 시간이 가는 줄 모를 때가 많다.

깜 찍 한
- 뜻: 작고 귀엽고 사랑스러운.
- 예: 깜찍한 머리핀이 꼬마랑 잘 어울린다.

깡 충 깡 충
- 뜻: 짧은 다리로 힘차게 높이 뛰어오르는 모양.
- 예: 토끼가 풀밭을 깡충깡충 뛰어다닌다.

곧 잘
- 뜻: 무언가를 꽤 잘.
- 예: 나는 그림을 곧잘 그려서 친구들이 부러워한다.

꾸밈말 따라 쓰기

꾸밈말 단어를 바른 글씨로 따라 써 보세요.

| 깜 | 찍 | 한 | | | | | | |

| 깡 | 충 | 깡 | 충 | | | | |

| 곧 | 잘 | | | | | | | |

꾸밈말 글쓰기

🚩 OX 퀴즈

꾸밈말을 바르게 사용했으면 ○표, 틀리게 사용했으면 ✕표 해 보세요.

1. 아영이는 깜찍한 고양이 인형을 품에 꼭 안았다. ▢

2. 코끼리가 깡충깡충 뛰어 우리 쪽으로 다가왔다. ▢

3. 민수는 퍼즐 맞추기를 곧잘 해서 칭찬받을 때가 많다. ▢

🚩 짧은 문장 쓰기

〈보기〉 속 단어를 하나 사용해 꾸밈이와 문장 쓰기 놀이를 해 보세요.

| 보기 | 깜찍한　깡충깡충　곧잘 |

 꾸밈이: 나는 내 동생의 깜찍한 표정이 좋아.

 나:

12 아늑한 / 대롱대롱 / 가만히

| 제목 | 좋아하는 과일 |

내가 제일 좋아하는 과일은 포도다. 그래서 나는 **아늑한** 시골 마을에 놀러 가서 포도 따기 체험을 할 계획이다. 잘 익은 보랏빛 포도들이 줄기에 **대롱대롱** 매달려 있겠지? 아마 나는 포도밭에 **가만히** 서서 포도를 한 알, 두 알, 세 알 따 먹을 것 같다. 동글동글한 포도가 얼마나 달콤할지 벌써 기대된다.

아늑한
- 뜻: 포근하고 편안한 느낌이 있는.
- 예: 엄마는 아늑한 카페에 앉아 따뜻한 커피를 드셨다.

대롱대롱
- 뜻: 작은 물건이 매달려서 가볍게 흔들리는 모양.
- 예: 바람이 불자, 문에 매달린 종이 대롱대롱 흔들렸다.

가만히
- 뜻: 움직이지 않고 조용히.
- 예: 소나기를 피하려고 나무 아래에 가만히 서 있었다.

꾸밈말 따라 쓰기

꾸밈말 단어를 바른 글씨로 따라 써 보세요.

아	늑	한
대	롱	대	롱
가	만	히

꾸밈말 글쓰기

🚩 **선 연결하기**

문장에 가장 잘 어울리는 꾸밈말을 연결해 보세요.

1. 나무 사이로 들어오는 빛을 (　　) 바라보았다. •　　• ㄱ 아늑한

2. 내 방은 세상에서 가장 (　　) 공간이다. •　　• ㄴ 대롱대롱

3. 할아버지 댁 감나무에 감이 (　　) 달려 있다. •　　• ㄷ 가만히

🚩 **짧은 문장 쓰기**

〈보기〉 속 단어를 하나 사용해 꾸밈이와 문장 쓰기 놀이를 해 보세요.

> 보기　　아늑한　대롱대롱　가만히

꾸밈이: 모래사장에 가만히 누워서 파도 소리를 들어 봐.

나:

13 깔끔한 / 우르르 / 가끔

| 제목 | 내 책상 |  |

나는 내 방 책상에서 공부하고, 숙제하고, 그림도 그린다. 그래서 항상 책상을 **깔끔한** 상태로 유지하려고 한다. 물론 **가끔** 책들을 **우르르** 쏟아 놓고 정리하지 않아서 엄마한테 혼날 때도 있지만 말이다. 하지만 오늘부터는 늘 책상이 깨끗할 수 있게 매일 한 번씩 책상을 정리할 거다.

깔끔한
- 뜻: 지저분하지 않고 깨끗한.
- 예: 욕실에는 손자국 하나 없이 **깔끔한** 거울이 붙어 있다.

우르르
- 뜻: 많은 것이 한꺼번에 움직이는 소리나 모양.
- 예: 솜사탕 가게로 아이들이 **우르르** 몰렸다.

가끔
- 뜻: 시간적으로 아주 드물게.
- 예: 나는 **가끔** 동물원에 놀러 간다.

꾸밈말 따라 쓰기

꾸밈말 단어를 바른 글씨로 따라 써 보세요.

깔	끔	한
우	르	르
가	끔

꾸밈말 글쓰기

🚩 단어 쓰기

빈칸에 꾸밈말 단어를 넣어 풍성한 문장을 만들어 보세요.

1.  오늘 분 태풍 때문에 돌탑들이 무너졌다.
   ➡ 오늘 분 태풍 때문에 돌탑들이 (　　　　) 무너졌다.

2.  선생님은 늘 넥타이를 매고 오신다.
   ➡ 선생님은 늘 (　　　　) 넥타이를 매고 오신다.

🚩 짧은 문장 쓰기

〈보기〉 속 단어를 하나 사용해 꾸밈이와 문장 쓰기 놀이를 해 보세요.

> **보기**　　깔끔한　우르르　가끔

 꾸밈이 　나는 가끔 소파에 누워서 책을 읽는다.

 나

정답: 우르르 / 깔끔한

14 오래된 / 덜컹덜컹 / 멀리

| 제목 | 우리 마을 |  |

우리 마을은 작고 조용해서 살기 좋다. 마을 입구에는 **오래된** 느티나무가 있는데, 사람들은 그 아래에서 쉬곤 한다. 그곳에 앉아 있으면 **덜컹덜컹** 소리를 내며 지나가는 마을버스도 볼 수 있다. 비록 학교와는 **멀리** 떨어져 있지만, 나는 우리 마을이 참 편안하고 행복한 곳이라고 생각한다.

오 래 된
- 뜻) 시간이 많이 지난.
- 예) 우리 집 거실에는 오래된 벽시계가 걸려 있다.

덜 컹 덜 컹
- 뜻) 물건이나 탈것이 흔들릴 때 나는 소리.
- 예) 기차가 덜컹덜컹 소리를 내며 터널을 지나갔다.

멀 리
- 뜻) 거리가 많이 떨어져 있는 상태.
- 예) 새가 멀리 날아가더니 나무 위에 앉았다.

꾸밈말 따라 쓰기

꾸밈말 단어를 바른 글씨로 따라 써 보세요.

오	래	된
덜	컹	덜	컹
멀	리

꾸밈말 글쓰기

🚩 단어 고르기

빈칸에 들어갈 알맞은 꾸밈말을 찾아 ✓표 해 보세요.

1 빈 수레가 돌길을 지나며 (　　　) 소리를 냈다.
   ☐ 덜컹덜컹   ☐ 똑딱똑딱

2 그 (　　　) 책에는 먼지가 수북이 쌓여 있었다.
   ☐ 매운   ☐ 오래된

🚩 짧은 문장 쓰기

〈보기〉 속 단어를 하나 사용해 꾸밈이와 문장 쓰기 놀이를 해 보세요.

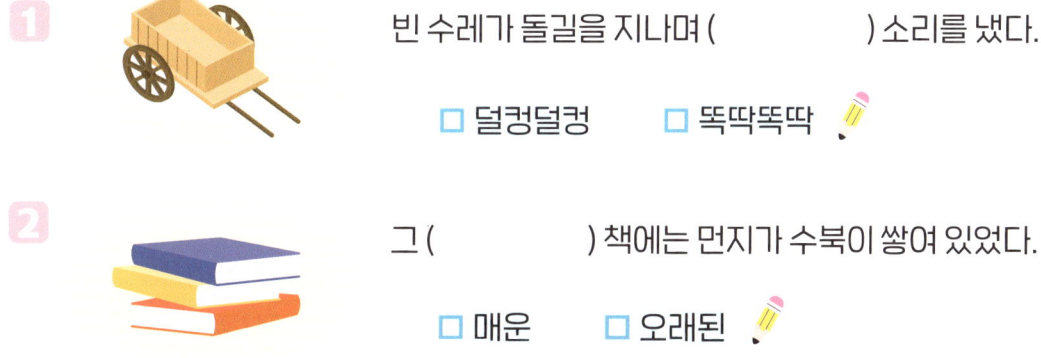

보기   오래된   덜컹덜컹   멀리

꾸밈이: 타자가 친 공이 생각보다 멀리 날아갔다.

나:

15 헌 / 뽀득뽀득 / 꽤

| 제목 | 아끼는 물건 |  |

내가 요즘 아끼는 물건은 물통이다. 오래 쓴 헌 물통을 새것으로 바꾸었는데, 이게 내가 가진 물건 중 가장 최신의 것이기 때문이다. 새 물통은 크기가 꽤 커서 하루 종일 마실 만큼의 물을 담을 수 있다. 또 귀여운 그림도 그려져 있어서 친구들이 부러워한다. 나는 이 물통을 오래오래 깨끗하게 쓰고 싶어서 밤마다 뽀득뽀득 씻고 있다.

헌
- 뜻: 오래되어 낡거나 새롭지 않은.
- 예: 헌 운동화를 세탁하니 새것처럼 보였다.

뽀득뽀득
- 뜻: 무언가를 깨끗하게 씻거나 닦을 때 나는 소리.
- 예: 엄마는 접시를 뽀득뽀득 깨끗하게 설거지하셨다.

꽤
- 뜻: 보통보다 많거나 더한 정도.
- 예: 내 필통에는 꽤 많은 학용품이 들어간다.

꾸밈말 따라 쓰기

꾸밈말 단어를 바른 글씨로 따라 써 보세요.

| 헌 | | | | | | | |

| 뽀 | 득 | 뽀 | 득 | | | | |

| 꽤 | | | | | | | |

꾸밈말 글쓰기

🚩 OX 퀴즈

꾸밈말을 바르게 사용했으면 ○표, 틀리게 사용했으면 ✕표 해 보세요.

1. 이건 비록 헌 옷이지만, 소중한 추억이 담겨 있다. ☐

2. 가방 안에서 연필이 뽀득뽀득 움직였다. ☐

3. 배에서 꼬르륵거리는 소리가 꽤 오랫동안 났다. ☐

🚩 짧은 문장 쓰기

〈보기〉 속 단어를 하나 사용해 꾸밈이와 문장 쓰기 놀이를 해 보세요.

보기: 헌   뽀득뽀득   꽤

꾸밈이: 이번에 산 가방은 꽤 튼튼해서 오래 쓸 수 있을 것 같아.

나:

정답 O/✕/O

16 넓은 / 왁자지껄 / 종종

| 제목 | 우리 학교 운동장 |  |

우리 학교에는 넓은 운동장이 있다. 그래서 나와 친구들은 거기서 축구를 자주 한다. 또 운동장에는 달리기를 할 수 있는 트랙이 있어 종종 네 명씩 조를 짜서 달리기 시합도 한다. 커다란 학교 운동장 덕분에 매일 친구들과 왁자지껄 뛰어 놀 수 있어서 너무 행복하다.

넓 은
- 뜻: 폭이나 공간이 큰.
- 예: 소이는 넓은 공원에서 강아지와 신나게 뛰어놀았다.

왁 자 지 껄
- 뜻: 여러 명이 시끄럽게 떠드는 소리나 모양.
- 예: 소풍을 온 아이들이 왁자지껄 떠들었다.

종 종
- 뜻: 가끔.
- 예: 아빠와 시장에 가면 종종 맛있는 간식을 사 먹는다.

꾸밈말 따라 쓰기

꾸밈말 단어를 바른 글씨로 따라 써 보세요.

넓	은								

왁	자	지	껄				

종	종								

꾸밈말 글쓰기

🚩 선 연결하기

문장에 가장 잘 어울리는 꾸밈말을 연결해 보세요.

1. 어렸을 때 여행 갔던 일이 (　　　) 떠오른다.　　•　　•　ㄱ 왁자지껄

2. 우리 아빠는 모델처럼 (　　　) 어깨를 가지셨다.　•　　•　ㄴ 넓은

3. 영화관에서는 (　　　) 떠들면 안 된다.　　•　　•　ㄷ 종종

🚩 짧은 문장 쓰기

〈보기〉속 단어를 하나 사용해 꾸밈이와 문장 쓰기 놀이를 해 보세요.

보기	넓은　왁자지껄　종종

꾸밈이: 나는 나중에 넓은 집에서 살고 싶어.

나:

17 감동적인 / 휘리릭 / 빨리

| 제목 | 좋아하는 책 |

내가 좋아하는 책은 '돌돌이의 모험'이라는 책이다. 주인공이 어려운 상황을 이겨 내는 **감동적인** 장면이 많아서 재미있기 때문이다. 나는 처음 이 책을 펼쳤을 때, 이야기가 너무 흥미진진해서 **휘리릭** 책장을 넘기며 **빨리** 읽어 버렸다. 아마 누구나 이 이야기를 좋아할 것 같다. 친구들도 얼른 이 책을 읽고, 나와 함께 주인공에 대해 이야기를 나누면 좋겠다.

감 동 적 인

- 뜻: 마음을 깊이 울리는.
- 예: 친구의 감동적인 편지는 나를 행복하게 만들었다.

휘 리 릭

- 뜻: 빠르고 가볍게 움직이는 모양.
- 예: 수호는 숙제를 단숨에 휘리릭 끝냈다.

빨 리

- 뜻: 아주 짧은 시간에.
- 예: 비가 오기 전에 빨리 집으로 뛰어갔다.

꾸밈말 따라 쓰기

꾸밈말 단어를 바른 글씨로 따라 써 보세요.

감	동	적	인				
휘	리	릭					
빨	리						

꾸밈말 글쓰기

🚩 단어 쓰기

빈칸에 꾸밈말 단어를 넣어 풍성한 문장을 만들어 보세요.

1 집에 오자마자 손을 씻고 간식을 먹었다.
➡ 집에 오자마자 (　　　　) 손을 씻고 간식을 먹었다.

2 주인공이 가족을 만나는 장면에서 눈물이 날 뻔했다.
➡ 주인공이 가족을 만나는 (　　　　) 장면에서 눈물이 날 뻔했다.

🚩 짧은 문장 쓰기

〈보기〉 속 단어를 하나 사용해 꾸밈이와 문장 쓰기 놀이를 해 보세요.

> 보기　　감동적인　휘리릭　빨리

꾸밈이: 빨리 크리스마스가 왔으면 좋겠다.

나:

18 즐거운 / 낄낄 / 수시로

제목 친구들과 함께 하는 놀이

술래잡기는 친구들과 함께 하는 즐거운 놀이로, 술래가 숨어 있는 친구들을 찾아내면 된다. 이 놀이를 할 때 누군가 술래에게 잡힐 듯 말 듯 아슬아슬해 보이면, 나머지 친구들은 술래에게 들키지 않게 낄낄 숨죽여 웃곤 한다. 술래에게 잡힐까 봐 조마조마하고 짜릿한 술래잡기는 우리 반이 가장 좋아하는 놀이라서 쉬는 시간에 수시로 하고 있다.

즐거운
- 뜻: 기쁘고 행복한.
- 예: 지난 방학에 친구들과 즐거운 추억을 만들었다.

낄낄
- 뜻: 억지로 웃음을 참으면서 속으로 웃는 소리나 모양.
- 예: 친구와 둘이서 속닥거리며 낄낄 웃었다.

수시로
- 뜻: 아무 때나 자주.
- 예: 여행을 떠나기 전에 수시로 날씨를 확인했다.

꾸밈말 따라 쓰기

꾸밈말 단어를 바른 글씨로 따라 써 보세요.

즐	거	운						

낄	낄							

수	시	로						

꾸밈말 글쓰기

▶ 단어 고르기

빈칸에 들어갈 알맞은 꾸밈말을 찾아 ✓표 해 보세요.

1. 수업 시간에 웃긴 일이 떠올라서 몰래 (　　　) 웃었다.
   ☐ 낄낄　　☐ 흑흑

2. 내 친구는 우리 집을 (　　　) 드나든다.
   ☐ 가장　　☐ 수시로

▶ 짧은 문장 쓰기

〈보기〉 속 단어를 하나 사용해 꾸밈이와 문장 쓰기 놀이를 해 보세요.

보기　　즐거운　낄낄　수시로

꾸밈이: 오랜만에 가족들과 놀이공원에서 즐거운 시간을 보냈다.

나:

정답 낄낄/수시로

19 멋진 / 졸졸 / 매우

제목 가고 싶은 여행지

나는 미국에 있는 커다랗고 **멋진** 놀이공원에 가고 싶다. 최근에 유튜브 영상으로 본 곳인데, 거기엔 수많은 놀이기구가 있다고 한다. 영상에 나온 놀이기구 중에는 **졸졸** 흐르는 물길을 따라가는 보트 놀이기구가 특히 재미있어 보였다. 또 **매우** 높은 곳까지 올라가는 대관람차도 흥미로워 보였다. 언젠가 꼭 그곳으로 여행을 가서 재미난 놀이기구를 모두 타 볼 거다.

- 뜻: 보기 좋고 훌륭한.
- 예: 아빠는 나에게 **멋진** 자전거를 선물해 주셨다.

- 뜻: 작은 물줄기가 부드럽게 흐르는 소리나 모양.
- 예: 산길을 따라 맑은 물이 **졸졸** 흘러간다.

- 뜻: 보통보다 훨씬 높거나 강한.
- 예: 엄마가 해 주신 음식이 **매우** 맛있어서 깨끗이 먹었다.

꾸밈말 따라 쓰기

꾸밈말 단어를 바른 글씨로 따라 써 보세요.

멋	진								

졸	졸								

매	우								

꾸밈말 글쓰기

🚩 OX 퀴즈

꾸밈말을 바르게 사용했으면 ○표, 틀리게 사용했으면 ✕표 해 보세요.

1. 산에 많은 나무가 졸졸 서 있다. ☐

2. 내가 가고 싶은 섬은 매우 조용하고 아름다운 곳이다. ☐

3. 창문에 멋진 먼지가 잔뜩 쌓여 있었다. ☐

🚩 짧은 문장 쓰기

〈보기〉 속 단어를 하나 사용해 꾸밈이와 문장 쓰기 놀이를 해 보세요.

보기	멋진 졸졸 매우

꾸밈이: 카페에서 바라본 호수의 풍경이 매우 아름다웠어.

나:

정답 X/O/X

20 감미로운 / 뚜벅뚜벅 / 자꾸

제목	좋아하는 노래

내가 좋아하는 노래는 만화 주제가다. 이 노래는 **감미로운** 멜로디로 시작해서 첫 부분만 들어도 설레는 기분이 든다. 또 중독성 강한 멜로디와 가사 때문에 한 번만 들어도 **자꾸** 머릿속에 떠올라 하루 종일 흥얼거리게 된다. 특히 나는 "**뚜벅뚜벅** 걸어가요."라는 노랫말을 가장 좋아한다. 다음 음악 시간에 친구들에게 이 노래를 직접 들려주고 싶다.

감미로운
- 뜻: 아름답고 달콤한 느낌이 드는.
- 예: 한 가수가 **감미로운** 목소리로 노래했다.

뚜벅뚜벅
- 뜻: 발소리를 또렷이 내며 걷는 소리나 모양.
- 예: 그는 앞을 향해 **뚜벅뚜벅** 걸어갔다.

자꾸
- 뜻: 같은 일을 여러 번 반복하여.
- 예: 친구가 나를 **자꾸** 불러서 수업에 집중할 수 없었다.

꾸밈말 따라 쓰기

꾸밈말 단어를 바른 글씨로 따라 써 보세요.

| 감 | 미 | 로 | 운 | | | | |

| 뚜 | 벅 | 뚜 | 벅 | | | | |

| 자 | 꾸 | | | | | | |

꾸밈말 글쓰기

🚩 선 연결하기

문장에 가장 잘 어울리는 꾸밈말을 연결해 보세요.

1. 심한 감기에 걸렸는지 (　　　) 기침이 났다. •　　　• ㄱ 뚜벅뚜벅

2. 아버지의 구둣발 소리가 (　　　) 들렸다. •　　　• ㄴ 감미로운

3. (　　　) 자장가 소리에 눈이 스르르 감겼다. •　　　• ㄷ 자꾸

🚩 짧은 문장 쓰기

〈보기〉 속 단어를 하나 사용해 꾸밈이와 문장 쓰기 놀이를 해 보세요.

> 보기　　감미로운　뚜벅뚜벅　자꾸

꾸밈이: 꼬마가 장난감을 사 달라고 엄마를 자꾸 졸랐다.

나:

21 깨끗한 / 방긋 / 여전히

제목 우리 동네 공원

우리 동네 공원에는 **깨끗한** 운동 시설들이 있어 가족이나 친구들과 운동하기 좋다. 한동안 바빠서 공원에 잘 가지 못하다가 엊그제 오랜만에 다녀왔는데, **여전히** 동네 주민들이 많이 있었다. 다행히 배드민턴장이 비어 있어서 나는 아빠와 배드민턴을 칠 수 있었다. 한참 열심히 운동하고 땀을 흘리니, 몸이 개운해져서 나도 모르게 **방긋** 웃음이 났다.

깨끗한
- 뜻: 더럽거나 지저분하지 않은.
- 예: **깨끗한** 강물에서 물고기가 헤엄친다.

방긋
- 뜻: 입을 살짝 벌리고 가볍게 웃는 모양.
- 예: 민수는 내가 준 선물을 받고 **방긋** 웃었다.

여전히
- 뜻: 변하지 않고 예전 그대로.
- 예: 오랜만에 만난 이모는 **여전히** 다정하셨다.

꾸밈말 따라 쓰기

꾸밈말 단어를 바른 글씨로 따라 써 보세요.

깨	끗	한						

방	긋							

여	전	히						

꾸밈말 글쓰기

▶ 단어 쓰기

빈칸에 꾸밈말 단어를 넣어 풍성한 문장을 만들어 보세요.

1. 9월이 되었는데도 날씨가 무더웠다.
➡ 9월이 되었는데도 날씨가 (　　　　　) 무더웠다.

2. 진호는 나에게 윙크하며 미소를 지었다.
➡ 진호는 나에게 윙크하며 (　　　　　) 미소를 지었다.

▶ 짧은 문장 쓰기

〈보기〉 속 단어를 하나 사용해 꾸밈이와 문장 쓰기 놀이를 해 보세요.

| 보기 | 깨끗한　방긋　여전히 |

꾸밈이: 우리 후손들에게 깨끗한 환경을 물려줘야 한다.

나:

정답 여전히/방긋

22 친절한 / 삐걱삐걱 / 이따금

| 제목 | 자주 가는 가게 |

나는 우리 집 근처에 있는 문구점에 자주 간다. 이 가게는 문을 열 때마다 **삐걱삐걱** 소리가 나는데, 그 소리를 들은 주인아저씨께서 항상 **친절한** 미소로 손님들을 맞아 주신다. 나와 친구들은 그곳에서 공책이나 연필 같은 학용품을 주로 산다. **이따금** 아저씨께서 예쁜 스티커를 서비스로 주시기 때문인지 그 문구점만 생각하면 기분이 좋아진다.

친 절 한
- 뜻 상대방을 배려하며 정겹고 따뜻하게 대하는.
- 예 **친절한** 간호사님이 주사를 아프지 않게 놔 주셨다.

삐 걱 삐 걱
- 뜻 크고 단단한 물건이 서로 닿아 갈릴 때 나는 소리.
- 예 낡은 울타리가 **삐걱삐걱** 소리를 내며 흔들렸다.

이 따 금
- 뜻 가끔 또는 드물게.
- 예 나는 공부하다가 **이따금** 창밖을 보며 휴식을 취했다.

꾸밈말 따라 쓰기

꾸밈말 단어를 바른 글씨로 따라 써 보세요.

친	절	한						

삐	걱	삐	걱					

이	따	금						

꾸밈말 글쓰기

🚩 단어 고르기

빈칸에 들어갈 알맞은 꾸밈말을 찾아 ✓표 해 보세요.

1. 침대의 스프링이 오래되었는지 ( ) 소리가 났다.
   ☐ 또각또각   ☐ 삐걱삐걱

2. 나는 심심할 때면 ( ) 피아노를 연주한다.
   ☐ 별로   ☐ 이따금

🚩 짧은 문장 쓰기

〈보기〉 속 단어를 하나 사용해 꾸밈이와 문장 쓰기 놀이를 해 보세요.

보기   친절한   삐걱삐걱   이따금

꾸밈이: 선생님께서는 항상 친절한 목소리로 인사해 주신다.

나:

정답 삐걱삐걱/이따금

23 상냥한 / 쾅 / 때때로

| 제목 | 우리 반 선생님 |  |

우리 반 선생님은 아주 **상냥한** 분이시다. 그런데 수업 시간에는 **때때로** 호랑이 선생님으로 변하신다. 선생님은 중요한 내용을 설명하실 때 칠판을 **쾅** 치며 "자, 집중하세요."라고 말씀하신다. 이 소리를 들으면 딴생각하던 아이들도 귀를 쫑긋 세우고 선생님을 바라본다. 아무래도 우리 반 선생님은 학생들을 사로잡는 강력한 힘을 가지신 것 같다.

상냥한
- 뜻: 부드럽고 다정하게 대하는.
- 예: 나의 질문에 누나는 **상냥한** 목소리로 답해 주었다.

쾅
- 뜻: 크고 단단한 물체가 다른 물체와 부딪쳐 나는 소리.
- 예: 할아버지께서 문을 **쾅** 닫으시는 소리에 모두가 놀랐다.

때때로
- 뜻: 때에 따라 가끔.
- 예: 형은 공부하다가 **때때로** 간식을 먹으며 쉬곤 한다.

꾸밈말 따라 쓰기

꾸밈말 단어를 바른 글씨로 따라 써 보세요.

상	냥	한						
쾅								
때	때	로						

꾸밈말 글쓰기

🚩 OX 퀴즈

꾸밈말을 바르게 사용했으면 ○표, 틀리게 사용했으면 ✕표 해 보세요.

1. 도서관은 우리 집과 때때로 떨어진 곳에 있다. ☐

2. 비둘기들이 쾅 하며 울었다. ☐

3. 오랜만에 만난 친구들과 상냥한 인사를 나누었다. ☐

🚩 짧은 문장 쓰기

〈보기〉 속 단어를 하나 사용해 꾸밈이와 문장 쓰기 놀이를 해 보세요.

보기 상냥한 쾅 때때로

 꾸밈이 투명한 유리문에 머리를 쾅 하고 부딪혔어.

 나

정답 X/X/O

24 남다른 / 으쓱 / 흔히

| 제목 | 나의 꿈 |

내 꿈은 남다른 아이디어를 가진 요리사가 되는 것이다. 그래서 나는 사람들이 흔히 먹는 음식이 아닌, 그동안 먹어 보지 못한 특별한 음식을 만드는 걸 좋아한다. 예를 들어, 초콜릿 달걀말이나 딸기 비빔밥 같은 것들이다. 요즘에는 사람들이 내 요리를 맛보고 칭찬하는 꿈을 자주 꾸는데, 그때마다 어깨가 으쓱 올라가곤 한다.

| 남 | 다 | 른 |

뜻) 보통과 달리 특별하고 눈에 띄는.
예) 이 그림은 남다른 색감으로 모두의 관심을 끌었다.

| 으 | 쓱 |

뜻) 어깨를 위로 들어 올리거나 우쭐대는 모양.
예) 선생님이 나를 칭찬해 주셔서 어깨가 으쓱 올라갔다.

| 흔 | 히 |

뜻) 자주 일어나거나 쉽게 볼 수 있게.
예) 겨울에는 붕어빵 가게를 흔히 볼 수 있다.

꾸밈말 따라 쓰기

꾸밈말 단어를 바른 글씨로 따라 써 보세요.

남	다	른						
으	쓱							
흔	히							

꾸밈말 글쓰기

🚩 **선 연결하기**

문장에 가장 잘 어울리는 꾸밈말을 연결해 보세요.

1. 누나는 특히 운동에 (　　) 재능이 있다. •　　• ㄱ 으쓱

2. 사자는 (　　) 동물의 왕이라고 불린다. •　　• ㄴ 남다른

3. 장학금을 받게 된 형은 어깨를 (　　) 치켜올렸다. •　　• ㄷ 흔히

🚩 **짧은 문장 쓰기**

〈보기〉 속 단어를 하나 사용해 꾸밈이와 문장 쓰기 놀이를 해 보세요.

> **보기**　　남다른　으쓱　흔히

꾸밈이　나는 야구에 남다른 관심이 있어.

나

25 새 / 미끌미끌 / 힘껏

제목 우리 동네 놀이터

나는 우리 동네 놀이터에 가는 걸 좋아한다. 지난주에는 놀이터에 **새** 그네가 생겨서 한번 타 보았다. 주변 공간이 넉넉한 덕분에 발을 **힘껏** 차며 높이 올라갈 수 있어 짜릿했다. 하지만 내가 놀이터에서 제일 좋아하는 건 **미끌미끌** 미끄럼틀이다. 높이가 높고, 길이도 길어서 탈 때마다 신이 나고 재미있기 때문이다.

새
- **뜻** 얼마 되지 않고 처음인 상태.
- **예** 도서관에 새 책이 잔뜩 들어왔다.

미끌미끌
- **뜻** 매우 미끄러운 모양.
- **예** 겨울철에는 미끌미끌 빙판길을 조심해야 한다.

힘껏
- **뜻** 온 힘을 다해.
- **예** 공을 힘껏 던졌더니 저 멀리 날아가 버렸다.

꾸밈말 따라 쓰기

꾸밈말 단어를 바른 글씨로 따라 써 보세요.

| 새 | | | | | | | |

| 미 | 끌 | 미 | 끌 | | | |

| 힘 | 껏 | | | | | | |

꾸밈말 글쓰기

🚩 **단어 쓰기**

빈칸에 꾸밈말 단어를 넣어 풍성한 문장을 만들어 보세요.

1. 둘이 함께 밀고 당겼는데도 상자는 꿈쩍도 하지 않았다.
   ➡ 둘이 함께 (　　　　) 밀고 당겼는데도 상자는 꿈쩍도 하지 않았다.

2. 미꾸라지가 자꾸만 손에서 빠져나가 버렸다.
   ➡ 미꾸라지가 자꾸만 손에서 (　　　　) 빠져나가 버렸다.

🚩 **짧은 문장 쓰기**

〈보기〉 속 단어를 하나 사용해 꾸밈이와 문장 쓰기 놀이를 해 보세요.

 꾸밈이   새 옷을 입고 학교에 가니 기분이 좋았다.

 나

26 우아한 / 뚝딱뚝딱 / 열심히

| 제목 | 좋아하는 연예인 |

내가 좋아하는 연예인은 '하니'라는 가수다. 방송에서 **우아한** 춤을 추며 노래를 부르는 모습을 보고 좋아하게 되었다. 하니가 무대에서 노래와 안무를 **뚝딱뚝딱** 완벽하게 해내는 모습을 보면 감탄할 수밖에 없다. 평소에 **열심히** 연습하기 때문에 이런 멋진 무대를 보여 줄 수 있는 게 아닐까? 나도 언젠가 콘서트에 가서 하니의 무대를 직접 보고 싶다.

우 아 한
- 뜻) 보기 좋고 고상한 느낌이 드는.
- 예) 엄마, **우아한** 드레스를 입으시니까 너무 아름다워요.

뚝 딱 뚝 딱
- 뜻) 어떤 일을 쉽고 거침없이 해내는 모양.
- 예) 볶음밥은 짧은 시간에 **뚝딱뚝딱** 만들기 쉽다.

열 심 히
- 뜻) 온 정성을 다해.
- 예) 나는 **열심히** 피아노 연습을 했다.

꾸밈말 따라 쓰기

꾸밈말 단어를 바른 글씨로 따라 써 보세요.

우	아	한
뚝	딱	뚝	딱
열	심	히

꾸밈말 글쓰기

🚩 단어 고르기

빈칸에 들어갈 알맞은 꾸밈말을 찾아 ✔표 해 보세요.

1. 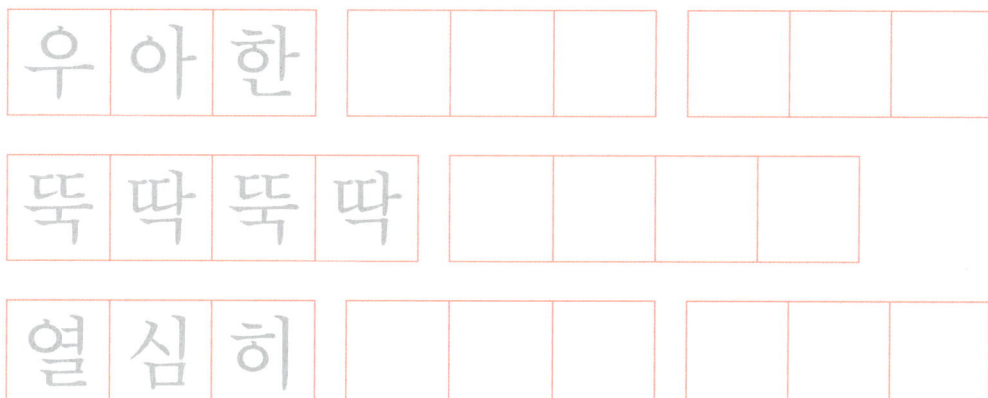 우리 아빠는 고장 난 물건을 (　　) 잘 고치신다.
   ☐ 뚝딱뚝딱　　☐ 우당퉁탕

2. 우리는 상품을 받기 위해 (　　) 퀴즈를 풀었다.
   ☐ 가까이　　☐ 열심히

🚩 짧은 문장 쓰기

〈보기〉 속 단어를 하나 사용해 꾸밈이와 문장 쓰기 놀이를 해 보세요.

> **보기**　　우아한　뚝딱뚝딱　열심히

꾸밈이 호수에 우아한 백조 한 마리가 있다.

나

정답　뚝딱뚝딱/열심히

27 편안한 / 데굴데굴 / 천천히

| 제목 | 좋아하는 장소 |

내가 좋아하는 장소는 우리 집 거실이다. 거실에 있는 **편안한** 소파에 앉아 있으면 기분이 좋아진다. 또 나는 소파 위에서 이불을 덮고 **데굴데굴** 구르며 텔레비전을 보는 것도 좋아한다. 가끔은 소파에 앉아 그림책을 **천천히** 읽는 것도 즐긴다. 나는 우리 집 거실에서 보내는 시간이 제일 편안하고 행복하다.

편 안 한
- 뜻: 걱정 또는 불편함 없이 좋은.
- 예: 도서관에는 **편안한** 의자가 있어서 책을 읽기 딱 좋다.

데 굴 데 굴
- 뜻: 커다란 물건이 계속해서 구르는 모양.
- 예: 강아지가 잔디밭에 누워 **데굴데굴** 구르며 놀았다.

천 천 히
- 뜻: 급하지 않고 느리게.
- 예: 산책로를 **천천히** 걸으며 꽃 냄새를 맡았다.

꾸밈말 따라 쓰기

꾸밈말 단어를 바른 글씨로 따라 써 보세요.

편	안	한
데	굴	데	굴
천	천	히

꾸밈말 글쓰기

🚩 OX 퀴즈

꾸밈말을 바르게 사용했으면 ○표, 틀리게 사용했으면 ×표 해 보세요.

1. 좁은 길에서는 차를 천천히 몰아야 한다.

2. 밤하늘에 높이 떠 있는 별들이 데굴데굴 빛났다.

3. 지난 주말에는 편안한 잠옷을 입고 집에서 푹 쉬었다.

🚩 짧은 문장 쓰기

〈보기〉 속 단어를 하나 사용해 꾸밈이와 문장 쓰기 놀이를 해 보세요.

보기   편안한   데굴데굴   천천히

꾸밈이: 내가 좋아하는 구슬 아이스크림을 천천히 아껴 먹었어.

나:

정답 O/X/O

28 아름다운 / 하늘하늘 / 사뿐히

| 제목 | 어젯밤 꾼 꿈 |  |

어젯밤 정말 평화로운 꿈을 꿨다. 꿈속에서 나는 아름다운 꽃밭 가운데에 있었다. 꽃잎들은 바람에 하늘하늘 흔들렸고, 나는 꽃밭을 사뿐히 걸어 다녔다. 내 머리 위에는 아주 커다란 무지개가 하늘을 가득 채웠다. 나는 그 무지개를 잡으려고 계속해서 높이 뛰며 손을 뻗었다. 마침내 하늘까지 뛰어올라 무지개를 만지려는 순간, '얼른 일어나!'라는 엄마의 목소리가 어렴풋이 들렸다.

아 름 다 운
- 뜻) 멋지고 고아서 보는 사람의 마음을 즐겁게 하는.
- 예) 우리 집 주변에는 아름다운 꽃을 파는 꽃집이 있다.

하 늘 하 늘
- 뜻) 가벼운 것이 잇따라 흔들리는 모양.
- 예) 태극기가 바람에 하늘하늘 흔들리고 있었다.

사 뿐 히
- 뜻) 소리가 나지 않을 정도로 가볍게 움직이는 모양.
- 예) 작고 귀여운 종달새가 나뭇가지 위에 사뿐히 앉았다.

꾸밈말 따라 쓰기

꾸밈말 단어를 바른 글씨로 따라 써 보세요.

아	름	다	운
하	늘	하	늘
사	뿐	히

꾸밈말 글쓰기

🚩 선 연결하기

문장에 가장 잘 어울리는 꾸밈말을 연결해 보세요.

1 하얀 토끼가 풀밭을 (　　) 뛰어다녔다.　•　　　•　ㄱ 하늘하늘

2 (　　) 음악을 들어 기분이 좋아졌다.　•　　　•　ㄴ 아름다운

3 코스모스가 가을바람에 (　　) 흔들렸다.　•　　　•　ㄷ 사뿐히

🚩 짧은 문장 쓰기

〈보기〉 속 단어를 하나 사용해 꾸밈이와 문장 쓰기 놀이를 해 보세요.

> 보기   아름다운   하늘하늘   사뿐히

꾸밈이: 한복은 우리나라의 아름다운 전통 의상이다.

나:

29 특별한 / 키득키득 / 가까이

| 제목 | 휴일 보내는 법 |  |

휴일은 **특별한** 하루를 보낼 수 있는 날이다. 친구들과 재미난 만화를 보며 **키득키득** 웃을 수 있고, 근처 공원에서 자전거를 타거나 **가까이** 모여 앉아 비밀 이야기를 나눌 수도 있다. 또 가족들과 집에서 맛있는 음식을 직접 만들어서 나눠 먹을 수도 있다. 다가오는 휴일에는 무엇을 하는 게 좋을까? 하루빨리 휴일이 왔으면 좋겠다.

특별한
- 뜻: 보통과는 다른.
- 예: 친구의 생일을 맞아 **특별한** 선물을 준비했다.

키득키득
- 뜻: 참지 못하고 웃음이 입에서 새어 나오는 소리.
- 예: 시우와 선영이는 장난을 치며 **키득키득** 웃었다.

가까이
- 뜻: 조금 떨어져 있는 상태로.
- 예: 나는 동생 곁으로 **가까이** 다가갔다.

꾸밈말 따라 쓰기

꾸밈말 단어를 바른 글씨로 따라 써 보세요.

| 특 | 별 | 한 | | | | | | |

| 키 | 득 | 키 | 득 | | | | |

| 가 | 까 | 이 | | | | | |

꾸밈말 글쓰기

🚩 단어 쓰기

빈칸에 꾸밈말 단어를 넣어 풍성한 문장을 만들어 보세요.

1
누나는 내가 던진 농담에 웃었다.
➡ 누나는 내가 던진 농담에 (　　　　) 웃었다.

2
은솔이는 수영에 재능이 있다.
➡ 은솔이는 수영에 (　　　　) 재능이 있다.

🚩 짧은 문장 쓰기

〈보기〉 속 단어를 하나 사용해 꾸밈이와 문장 쓰기 놀이를 해 보세요.

| 보기 | 특별한　키득키득　가까이 |

 꾸밈이　스마트폰에 얼굴을 가까이 대자 잠금 화면이 풀렸다.

 나

30 화사한 / 뾰족뾰족 / 은은히

| 제목 | 키우고 싶은 꽃 |

내가 키우고 싶은 꽃은 분홍 장미다. 장미는 화사한 색깔의 꽃잎이 겹겹이 붙어 있어 볼 때마다 기분이 좋다. 가끔 뾰족뾰족 튀어나온 가시가 무서울 때도 있지만, 바람을 타고 은은히 퍼지는 장미 향기를 맡으면 마음이 따뜻하고 포근해진다. 그래서 나는 올해가 가기 전에 분홍 장미를 꼭 키워 보고 싶다.

화 사 한
- 뜻: 밝고 화려하게 예쁘고 고운.
- 예: 하영이의 화사한 미소가 눈길을 사로잡았다.

뾰 족 뾰 족
- 뜻: 모든 끝이 가늘어져 날카로운 모양.
- 예: 고슴도치는 뾰족뾰족 날카로운 가시를 가지고 있다.

은 은 히
- 뜻: 냄새가 진하지 않고 은근히.
- 예: 고깃집에 갔더니 옷에 고기 냄새가 은은히 스며들었다.

꾸밈말 따라 쓰기

꾸밈말 단어를 바른 글씨로 따라 써 보세요.

화	사	한						

뾰	족	뾰	족					

은	은	히						

꾸밈말 글쓰기

🚩 단어 고르기

빈칸에 들어갈 알맞은 꾸밈말을 찾아 ✓표 해 보세요.

1 준희가 (　　　) 한복을 입고 밝은 미소를 지었다.

　　☐ 화사한　　☐ 우울한

2 유자차의 달콤한 향이 (　　　) 풍겼다.

　　☐ 조용히　　☐ 은은히

🚩 짧은 문장 쓰기

〈보기〉 속 단어를 하나 사용해 꾸밈이와 문장 쓰기 놀이를 해 보세요.

> 보기   화사한   뾰족뾰족   은은히

꾸밈이: 친구에게 뾰족뾰족 상처 주는 말을 해서는 안 돼.

나:

2장
경험을 담은 글에 자주 쓰이는 꾸밈말

경험을 담은 글은 내가 실제로 겪은 일이나
느낀 걸 쓰는 글이에요.

'소풍 갔던 날'처럼 나의 하루나 순간을 표현하는 글을 쓸 때는 그때의 기분, 움직임, 생각 등을 잘 드러내는 꾸밈말이 필요해요. 예를 들어 '두근두근, 후들후들, 엉엉' 같은 의성어와 의태어는 느낌을 아주 잘 표현해 주죠. 또 '조심히, 급히, 슬슬, 살짝' 같은 부사도 상황을 더 생생하게 느끼게 해 주고요. 이런 말들을 사용하면 한층 더 풍부한 글을 쓸 수 있어서 내가 했던 경험이나 느꼈던 감정을 다른 사람에게 잘 전달할 수 있어요.

31 설레는 / 두근두근 / 살짝

| 제목 | 학교에 처음 갔던 날 |

처음 학교에 갔던 날, 나는 **설레는** 마음 때문에 평소보다 일찍 일어났다. 새 가방을 메고 교문 앞에 섰을 땐 가슴이 **두근두근** 뛰었다. 엄마가 알려 주신 교실 앞에 도착해서는 침을 한 번 꿀꺽 삼키고, 문을 열었다. 마침 담임 선생님께서 칠판 앞에 서 계셨다. 나는 선생님을 바라보며 **살짝** 웃었다. 선생님도 웃으시며 나를 반갑게 맞아 주셨다.

설레는
- 뜻: 마음이 들떠서 두근거리는.
- 예: 여행 간다는 말에 아이는 설레는 표정을 지었다.

두근두근
- 뜻: 놀라거나 불안해서 심장이 빠르게 뛰는 소리나 모양.
- 예: 그 아이를 보자 가슴이 두근두근 뛰었다.

살짝
- 뜻: 아주 약간. 또는 가볍게.
- 예: 밖에서 들리는 이상한 소리에 문을 살짝 열어 보았다.

꾸밈말 따라 쓰기

꾸밈말 단어를 바른 글씨로 따라 써 보세요.

설	레	는						

두	근	두	근					

살	짝							

꾸밈말 글쓰기

🚩 OX 퀴즈

꾸밈말을 바르게 사용했으면 ○표, 틀리게 사용했으면 ✕표 해 보세요.

1. 고구마튀김이 두근두근 잘 튀겨졌다. ☐

2. 민찬이는 설레는 쓰레기통을 힘껏 걷어찼다. ☐

3. 나는 고개를 살짝 들어 하늘을 봤다. ☐

🚩 짧은 문장 쓰기

〈보기〉 속 단어를 하나 사용해 꾸밈이와 문장 쓰기 놀이를 해 보세요.

이제 잘할 수 있겠지?

보기   설레는   두근두근   살짝

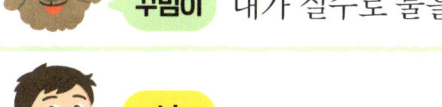

꾸밈이: 내가 실수로 물을 살짝 쏟아 버렸어.

나:

정답 X/X/O

32 신나는 / 와르르 / 꼼꼼히

| 제목 | 즐거웠던 소풍날 |  |

지난주에 우리 반은 생태 공원으로 소풍을 갔다. 나는 아침부터 신나는 마음으로 도시락과 간식 등을 꼼꼼히 챙겼다. 생태 공원에 도착해서는 친구들과 함께 꽃과 나무를 구경했다. 그런데 그때 친구가 꽃 냄새를 맡으려고 고개를 숙였다가 가방 안에 있던 물건들이 와르르 쏟아졌다. 우리는 잠시 당황했다가 깔깔 웃으며 같이 물건을 정리했다.

신나는
- 뜻: 기쁘고 즐거워서 마음이 들뜨는.
- 예: 신나는 모험 이야기가 가득한 책을 읽었다.

와르르
- 뜻: 물건들이 쏟아지거나 무너지는 소리 또는 모양.
- 예: 친구들과 쌓았던 나무 블록이 갑자기 와르르 쓰러졌다.

꼼꼼히
- 뜻: 작은 부분까지 놓치지 않고 차분하고 조심스럽게.
- 예: 나는 빠뜨린 물건이 없는지 꼼꼼히 확인했다.

꾸밈말 따라 쓰기

꾸밈말 단어를 바른 글씨로 따라 써 보세요.

신	나	는						
와	르	르						
꼼	꼼	히						

꾸밈말 글쓰기

🚩 선 연결하기

문장에 가장 잘 어울리는 꾸밈말을 연결해 보세요.

1 라디오에서 (　　) 음악이 흘러나왔다.　•　　　• ㄱ 와르르

2 돼지 저금통에서 동전들이 (　　) 쏟아졌다.　•　　　• ㄴ 꼼꼼히

3 학교 가기 전에 준비물을 (　　) 챙겨야 한다.　•　　　• ㄷ 신나는

🚩 짧은 문장 쓰기

〈보기〉 속 단어를 하나 사용해 꾸밈이와 문장 쓰기 놀이를 해 보세요.

> 보기   신나는   와르르   꼼꼼히

꾸밈이: 신나는 게임을 하면 나도 모르게 기분이 좋아져.

나:

33 포근한 / 주룩주룩 / 슬슬

| 제목 | 비 오던 날 |  |

비가 오던 날, 나는 <mark>포근한</mark> 이불 속에서 창밖을 바라보았다. 비가 <mark>주룩주룩</mark> 내리는 풍경을 보는 것도 나름 재미있는 일이라고 생각했다. 그러다 <mark>슬슬</mark> 배가 고파져서 부엌으로 가 엄마와 간식을 만들었다. 빗소리를 들으며 따뜻한 핫초코와 쿠키를 먹으니 기분이 좋아졌다. 비 오는 날은 이렇게 집에서 가족들과 쉬는 게 가장 행복하다.

| 포 | 근 | 한 |

🔍 뜻: 따뜻하고 부드러워서 편안한 느낌이 드는.
예: 소파에 앉아 <mark>포근한</mark> 쿠션을 안고 책을 읽었다.

| 주 | 룩 | 주 | 룩 |

🔍 뜻: 비나 물이 계속 내리거나 흐르는 소리 또는 모양.
예: 창밖에서 <mark>주룩주룩</mark> 비가 내리는 소리가 들렸다.

| 슬 | 슬 |

🔍 뜻: 서두르지 않고 천천히 움직이는 모양.
예: 엄마는 <mark>슬슬</mark> 저녁 준비를 시작하셨다.

꾸밈말 따라 쓰기

꾸밈말 단어를 바른 글씨로 따라 써 보세요.

포	근	한						
주	룩	주	룩				
슬	슬							

꾸밈말 글쓰기

▶ 단어 쓰기

빈칸에 꾸밈말 단어를 넣어 풍성한 문장을 만들어 보세요.

1. 이제 저녁이 되었으니 집에 가자.
   ➡ 이제 저녁이 되었으니 (　　　　　) 집에 가자.

2. 나는 보경이가 전학 간다는 소식에 눈물을 흘렸다.
   ➡ 나는 보경이가 전학 간다는 소식에 (　　　　　) 눈물을 흘렸다.

▶ 짧은 문장 쓰기

〈보기〉 속 단어를 하나 사용해 꾸밈이와 문장 쓰기 놀이를 해 보세요.

> 보기 　　포근한　주룩주룩　슬슬

 꾸밈이: 동생은 포근한 침대에 누워서 만화 영화를 봤어.

 나:

정답　슬슬/주룩주룩

34 불편한 / 후들후들 / 슬그머니

| 제목 | 병원에 갔던 날 |  |

어제 배가 아파서 병원에 갔는데, 나처럼 아픈 사람이 정말 많았다. 다른 사람들과 좁은 의자에 **불편한** 자세로 앉아 있으니 더 아픈 느낌이 들었다. 진료실에 들어갔을 때는 긴장이 돼서 다리가 **후들후들** 떨렸다. 의사 선생님께서 약을 먹으면 금방 나을 거라고 말씀하셨다. 주사도 맞아야 한다고 해서 **슬그머니** 겁이 났지만, 꾹 참았다. 다행히 병원에 다녀온 후로 거짓말처럼 배 아픈 게 사라졌다.

불편한
- 뜻: 마음이나 몸이 편하지 않고 괴로운.
- 예: 다리가 아파서 걷는 것이 **불편한** 하루였다.

후들후들
- 뜻: 몸이나 손발이 크게 떨리는 모양.
- 예: 강당이 너무 추워서 몸이 **후들후들** 떨렸다.

슬그머니
- 뜻: 남이 눈치채지 않게 슬며시.
- 예: 나는 롤러코스터를 타기 싫어서 **슬그머니** 도망쳤다.

꾸밈말 따라 쓰기

꾸밈말 단어를 바른 글씨로 따라 써 보세요.

불	편	한
후	들	후	들
슬	그	머	니

꾸밈말 글쓰기

🚩 단어 고르기

빈칸에 들어갈 알맞은 꾸밈말을 찾아 ✓표 해 보세요.

1. 하루 종일 등산을 해서 다리가 ( ) 떨렸다.
   ☐ 찰랑찰랑   ☐ 후들후들

2. 고양이가 ( ) 생선 가게로 다가갔다.
   ☐ 슬그머니   ☐ 훌쩍훌쩍

🚩 짧은 문장 쓰기

〈보기〉 속 단어를 하나 사용해 꾸밈이와 문장 쓰기 놀이를 해 보세요.

> **보기**   불편한   후들후들   슬그머니

꾸밈이: 불편한 신발을 신고 걸어서 발이 아프다.

나:

35 맛있는 / 톡톡 / 잠시

제목 엄마랑 요리했던 날

지난 주말에 엄마와 함께 부엌에서 요리했다. 엄마는 맛있는 달걀말이를 함께 만들어 보자고 하셨다. 나는 달걀을 톡톡 깬 다음 그릇에 넣어 달걀물을 만들었다. 엄마는 "불을 쓰는 건 위험하니까 잠시 옆에서 기다리렴."이라고 말씀하시고, 달걀말이를 뚝딱 완성하셨다. 달걀말이를 한 입 먹어 보니 너무 맛있어서 웃음이 났다. 요리도 맛있었지만, 엄마와 함께한 시간이 더 행복했다.

맛있는
- 뜻: 음식의 맛이 좋은.
- 예: 요리가 완성되자 부엌에 맛있는 냄새가 가득 퍼졌다.

톡톡
- 뜻: 가볍게 치거나 건드리는 소리 또는 모양.
- 예: 뒤에서 누가 내 어깨를 톡톡 두드렸다.

잠시
- 뜻: 아주 짧은 시간.
- 예: 오븐에 빵을 넣고 잠시 기다렸다.

꾸밈말 따라 쓰기

꾸밈말 단어를 바른 글씨로 따라 써 보세요.

맛	있	는						
톡	톡							
잠	시							

꾸밈말 글쓰기

🚩 OX 퀴즈

꾸밈말을 바르게 사용했으면 ○표, 틀리게 사용했으면 ✕표 해 보세요.

1. 지원이는 내 친구 중에 가장 맛있는 친구다. ☐

2. 고모는 예전에 잠시 영화배우로 활동하셨다. ☐

3. 손바닥에 빗방울이 톡톡 떨어졌다. ☐

🚩 짧은 문장 쓰기

〈보기〉 속 단어를 하나 사용해 꾸밈이와 문장 쓰기 놀이를 해 보세요.

> 보기   맛있는   톡톡   잠시

꾸밈이: 어디선가 맛있는 냄새가 나는 것 같아.

나:

정답 X/O/O

36 맨 / 엉엉 / 급히

| 제목 | 수행 평가 보던 날 |  |

수학 수행 평가를 보던 날, 나는 너무 힘들었다. 맨 앞에 있는 덧셈과 뺄셈 문제들은 쉬워서 금방 풀었는데, 곱셈으로 풀어야 하는 서술형 문제들이 너무 어려웠다. 나는 엉엉 울고 싶을 정도로 당황했다. 그래도 아는 문제는 틀리지 않도록 시간 안에 급히 답을 써 내려갔다. 어려운 문제를 푸는 게 정말 힘들었지만, 나름대로 최선을 다해 뿌듯한 기분이 들었다.

맨
- 뜻: 더할 수 없을 정도에 있는.
- 예: 나는 맨 앞줄에 앉아서 시험지를 받았다.

엉엉
- 뜻: 크게 우는 소리나 모양.
- 예: 승현이는 길을 걷다가 넘어져서 엉엉 울었다.

급히
- 뜻: 시간적 여유가 없어 몹시 서두르거나 빠르게.
- 예: 깜빡했던 준비물이 생각나서 급히 집으로 돌아갔다.

꾸밈말 따라 쓰기

꾸밈말 단어를 바른 글씨로 따라 써 보세요.

| 맨 | | | | | | | |

| 엉 | 엉 | | | | | | |

| 급 | 히 | | | | | | |

꾸밈말 글쓰기

🚩 선 연결하기

문장에 가장 잘 어울리는 꾸밈말을 연결해 보세요.

1. 나는 일부러 사람들이 없는 (   ) 끝 쪽에 앉았다. •   • ㄱ 엉엉

2. 동생은 엄마를 껴안고 (   ) 울기 시작했다. •   • ㄴ 급히

3. 나는 (   ) 서두르다가 넘어지고 말았다. •   • ㄷ 맨

🚩 짧은 문장 쓰기

〈보기〉 속 단어를 하나 사용해 꾸밈이와 문장 쓰기 놀이를 해 보세요.

보기   맨 엉엉 급히

꾸밈이: 옆집 아이가 엉엉 우는 소리를 냈다.

나:

37 속상한 / 투덜투덜 / 결국

| 제목 | 친구와 싸웠던 날 |

며칠 전 나는 은주랑 공기놀이를 하다가 다투었다. 내가 규칙을 잘못 이해해서 이겼다고 말했는데, 은주가 바로 **속상한** 표정을 지었다. 나도 억울해서 **투덜투덜** 은주에게 섭섭한 점을 말했다. 우리는 서로에게 화가 나서 **결국** 한동안 말도 하지 않고, 다른 자리에 앉아 지냈다. 다시 예전처럼 잘 지낼 수 있을지 많이 걱정했는데, 다행히 며칠 뒤에 서로 "미안해."라고 사과하며 화해했다.

- 뜻: 마음이 괴롭거나 기분이 좋지 않은 상태.
- 예: 친구와 다투고 나니 너무 **속상한** 기분이 들었다.

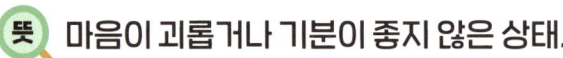

- 뜻: 불만이 있을 때 작은 소리로 계속 불평하는 모양.
- 예: 짜증이 난 친구가 **투덜투덜** 말하며 자리로 돌아갔다.

- 뜻: 어떤 일이 마지막에 이르러서.
- 예: 그는 열심히 노력하여 **결국** 체조 국가 대표가 되었다.

꾸밈말 따라 쓰기

꾸밈말 단어를 바른 글씨로 따라 써 보세요.

속상한

투덜투덜

결국

꾸밈말 글쓰기

🚩 단어 쓰기

빈칸에 꾸밈말 단어를 넣어 풍성한 문장을 만들어 보세요.

1. 심한 감기에 걸렸던 나는 입원하고 말았다.
➡ 심한 감기에 걸렸던 나는 (　　　　　) 입원하고 말았다.

2. 형은 일이 있는지 크게 한숨을 내쉬었다.
➡ 형은 (　　　　　) 일이 있는지 크게 한숨을 내쉬었다.

🚩 짧은 문장 쓰기

〈보기〉 속 단어를 하나 사용해 꾸밈이와 문장 쓰기 놀이를 해 보세요.

보기　　속상한　투덜투덜　결국

꾸밈이: 민우는 숙제가 너무 많아서 투덜투덜 불평하듯 중얼거렸다.

나:

38 푸른 / 찰랑찰랑 / 갑자기

| 제목 | 바다에 놀러 갔던 날 |

이번 여름에 우리 가족은 푸른 바다가 매력적인 동해에 다녀왔다. 찰랑찰랑 파도 소리를 들으며 넓은 바다를 볼 수 있어 좋았다. 그날 나는 물놀이를 하고, 커다란 모래성도 만들었다. 그런데 모래성을 거의 다 만들었을 때, 갑자기 큰 파도가 와서 순식간에 모래성이 무너져 버렸다. 처음에는 속상했지만, 부모님의 도움으로 모래성을 다시 만들고 즐거운 시간을 보낼 수 있었다.

| 푸 | 른 |

- 뜻: 하늘이나 바다, 풀의 빛깔처럼 맑고 선명한.
- 예: 잘 익은 푸른 사과를 한 입 베어 물었다.

| 찰 | 랑 | 찰 | 랑 |

- 뜻: 물이나 물체가 물결치듯 흔들리는 소리나 모양.
- 예: 욕조에 받아 둔 물이 찰랑찰랑 넘쳐흘렀다.

| 갑 | 자 | 기 |

- 뜻: 어떤 일이 생각할 틈도 없이 급히.
- 예: 하늘에서 갑자기 비가 내리기 시작했다.

꾸밈말 따라 쓰기

꾸밈말 단어를 바른 글씨로 따라 써 보세요.

푸	른							

찰	랑	찰	랑				

갑	자	기						

꾸밈말 글쓰기

🚩 단어 고르기

빈칸에 들어갈 알맞은 꾸밈말을 찾아 ✓표 해 보세요.

1. 호수에 비친 햇빛이 (　　　) 흔들리며 반짝였다.
   ☐ 찰랑찰랑　　☐ 물렁물렁

2. 뭉게구름이 (　　　) 하늘에 떠 있었다.
   ☐ 신나는　　☐ 푸른

🚩 짧은 문장 쓰기

〈보기〉 속 단어를 하나 사용해 꾸밈이와 문장 쓰기 놀이를 해 보세요.

> 보기 　푸른　찰랑찰랑　갑자기

꾸밈이: 이번 주 들어서 갑자기 날씨가 더워졌다.

나:

정답 찰랑찰랑/푸른

39 짜릿한 / 헉헉 / 꾸준히

| 제목 | 행복했던 운동회 날 |

운동회 날, 나는 우리 반 대표로 달리기 시합에 나가게 되었다. 출발선에 서 있으니 **짜릿한** 긴장감이 느껴졌다. 마침내 출발 신호가 울리고, 나는 전속력으로 뛰었다. 금세 숨이 **헉헉** 차올랐다. 너무 힘들었지만, 있는 힘껏 꾹 참았다. 결국 나는 첫 번째로 결승선에 들어올 수 있었다. 그동안 주말마다 친구들과 **꾸준히** 달리기 연습을 한 덕분에 1등을 한 것 같다.

짜 릿 한
- 뜻: 심리적 자극으로 마음이 흥분되고 떨리는.
- 예: 높은 전망대 위에 올라갔더니 **짜릿한** 기분이 들었다.

헉 헉
- 뜻: 숨이 차서 숨을 몰아쉬는 소리나 모양.
- 예: 준서는 산꼭대기에 다다르자 숨을 **헉헉** 몰아쉬었다.

꾸 준 히
- 뜻: 변함없이 부지런하고 끈기 있게.
- 예: 무언가를 **꾸준히** 하면 습관이 된다.

꾸밈말 따라 쓰기

꾸밈말 단어를 바른 글씨로 따라 써 보세요.

| 짜 | 릿 | 한 | | | | | | |

| 헉 | 헉 | | | | | | | |

| 꾸 | 준 | 히 | | | | | | |

꾸밈말 글쓰기

🚩 OX 퀴즈

꾸밈말을 바르게 사용했으면 O표, 틀리게 사용했으면 X표 해 보세요.

1. 점심을 많이 먹어서 그런지 졸음이 몰려와 헉헉 졸았다.

2. 옆 반과의 축구 시합에서 우리 반은 짜릿한 승리를 거뒀다.

3. 나는 2년 동안 꾸준히 영어를 배웠다.

🚩 짧은 문장 쓰기

〈보기〉 속 단어를 하나 사용해 꾸밈이와 문장 쓰기 놀이를 해 보세요.

보기 짜릿한 헉헉 꾸준히

꾸밈이 운동은 조금씩이라도 꾸준히 해야 한다.

나

정답 X/O/O

40 무서운 / 쿵쿵 / 잔뜩

제목 가장 무서웠던 날

으, 무서워. ㅠㅠ

부모님께서 동생을 데리고 병원에 가서서 혼자 집에 있던 날이 있었다. 오후에는 아무렇지 않았는데, 밤이 되니 자꾸 무서운 생각이 들었다. 그래서 인형을 꼭 끌어안고 있었는데, 갑자기 누군가 대문을 쿵쿵 두드렸다. 심장이 터질 거 같았다. 곧이어 "아빠야, 문 열어 줘." 하는 소리가 들렸다. 부모님께서 일찍 돌아오신 거였다. 신기하게도 그 소리를 듣자마자 잔뜩 얼어붙었던 마음이 녹아내렸다.

무 서 운
- 뜻: 두려운 마음이 들거나 겁이 나는.
- 예: 귀신 이야기를 들어서 그런지 밤새 무서운 꿈을 꿨다.

쿵 쿵
- 뜻: 물건이 바닥에 떨어지거나 어디에 부딪쳐 나는 소리.
- 예: 어디선가 발을 쿵쿵 구르는 소리가 울렸다.

잔 뜩
- 뜻: 최고치까지 가득. 또는 정도가 몹시 심하게.
- 예: 나는 잔뜩 겁을 먹고 엄마 옆에 꼭 붙어 있었다.

꾸밈말 따라 쓰기

꾸밈말 단어를 바른 글씨로 따라 써 보세요.

| 무 | 서 | 운 |

| 쿵 | 쿵 |

| 잔 | 뜩 |

꾸밈말 글쓰기

🚩 선 연결하기

문장에 가장 잘 어울리는 꾸밈말을 연결해 보세요.

1. 커다란 사과들이 바닥으로 (　　) 떨어졌다. •　　　• ㄱ 쿵쿵

2. 로운이는 (　　) 영화를 좋아한다. •　　　• ㄴ 잔뜩

3. 오늘까지 해야 할 숙제가 (　　) 밀려 있다. •　　　• ㄷ 무서운

🚩 짧은 문장 쓰기

〈보기〉 속 단어를 하나 사용해 꾸밈이와 문장 쓰기 놀이를 해 보세요.

　　　　　보기　　　무서운　쿵쿵　잔뜩

꾸밈이: 뷔페에 가서 맛있는 음식을 잔뜩 먹을 거야.

나:

41 그 / 휘청휘청 / 조용히

| 제목 | 처음 발표하던 날 |

처음 발표하던 날, 나는 자리에 앉아 있을 때부터 긴장됐다. 그래서 선생님께서 나를 부르셨을 때, <u>그</u> 자리에 잠시 멍하니 서 있기도 했다. 정신을 차리고 앞으로 나갈 때는 다리가 떨려서 <u>휘청휘청</u> 걸어 나갔다. 하지만 나의 걱정과 달리 친구들이 내 이야기를 <u>조용히</u> 잘 들어 줘서 자신감 있게 발표할 수 있었다. 선생님께서도 잘했다고 칭찬해 주셨다. 그 덕분에 발표에 자신감이 생긴 것 같다.

그

- 뜻: 앞에서 이야기한 사람이나 사물을 가리키는 말.
- 예: 어제 마트에서 본 <u>그</u> 과자를 꼭 사 먹을 거야.

휘청휘청

- 뜻: 똑바로 걷지 못하고 흔들리는 모양.
- 예: 지우가 돌부리에 걸려 <u>휘청휘청</u> 넘어질 뻔했다.

조용히

- 뜻: 아무 소리 없이 고요하게.
- 예: 나는 동생이 잠에서 깨지 않도록 <u>조용히</u> 움직였다.

꾸밈말 따라 쓰기

꾸밈말 단어를 바른 글씨로 따라 써 보세요.

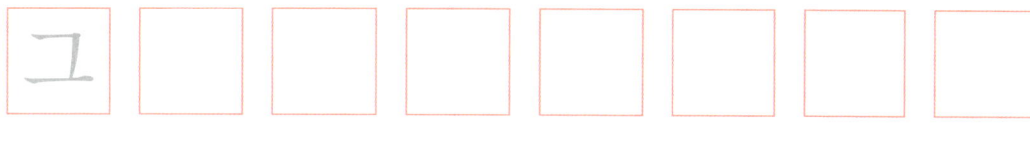

꾸밈말 글쓰기

🚩 단어 쓰기

빈칸에 꾸밈말 단어를 넣어 풍성한 문장을 만들어 보세요.

1.  그는 쓰러질 듯 말 듯 걸었다.
   ➡ 그는 쓰러질 듯 말 듯 (　　　　) 걸었다.

2.  수호는 질문이 있어서 손을 들었다.
   ➡ 수호는 질문이 있어서 (　　　　) 손을 들었다.

🚩 짧은 문장 쓰기

〈보기〉 속 단어를 하나 사용해 꾸밈이와 문장 쓰기 놀이를 해 보세요.

> 보기　　그　휘청휘청　조용히

 꾸밈이 : 아까 봤던 그 사람이 다시 이쪽으로 오고 있어.

 나 :

정답 휘청휘청/조용히

42 소중한 / 짝짝 / 살며시

제목	행복했던 생일날

작년 나의 생일날 아침, 아빠가 예쁘게 포장된 상자를 나에게 건네주시며 "생일 축하해!"라고 말씀하셨다. 상자를 열어 보니 내가 너무 가지고 싶었던 그림 도구 세트가 들어 있었다. 나도 모르게 **짝짝** 손뼉을 치며 "감사합니다!"라고 외쳤다. 아빠는 나를 보며 **살며시** 웃으셨다. 이날은 **소중한** 생일 선물을 받게 되어 정말 행복한 날이었다.

소중한
- 뜻: 매우 귀하고 가치 있는.
- 예: 이 곰 인형은 나에게 아주 소중한 인형이다.

짝짝
- 뜻: 손뼉을 치는 소리.
- 예: 상을 받은 친구에게 짝짝 축하의 박수를 쳐 주었다.

살며시
- 뜻: 눈에 띄지 않게 조용히.
- 예: 짝꿍이 나에게 살며시 과자를 건넸다.

꾸밈말 따라 쓰기

꾸밈말 단어를 바른 글씨로 따라 써 보세요.

소	중	한						

짝	짝							

살	며	시					

꾸밈말 글쓰기

▶ 단어 고르기

빈칸에 들어갈 알맞은 꾸밈말을 찾아 ✓표 해 보세요.

1. 엄마는 귀여운 아기를 (　　　) 안았다.

   ☐ 튼튼히　　☐ 살며시

2. 무대 위의 배우를 향해 (　　　) 박수갈채를 보냈다.

   ☐ 척척　　☐ 짝짝

▶ 짧은 문장 쓰기

〈보기〉 속 단어를 하나 사용해 꾸밈이와 문장 쓰기 놀이를 해 보세요.

> 보기　　소중한　짝짝　살며시

꾸밈이: 너는 나에게 둘도 없는 소중한 친구야.

나:

정답 살며시/짝짝

43 당황스러운 / 훌쩍훌쩍 / 얼른

| 제목 | 깜짝 놀랐던 날 |  |

나는 어렸을 때 시장에서 길을 잃어버렸던 적이 있다. 엄마가 약속 시간에 늦으셔서 **얼른** 따라오라며 빠른 걸음으로 가셨는데, 내가 한눈을 팔다 엄마를 놓쳐 버렸다. 나는 **당황스러운** 마음에 그 자리에 서서 **훌쩍훌쩍** 울고 말았다. 다행히 얼마 지나지 않아 엄마가 나타나서 "잃어버린 줄 알고 깜짝 놀랐네."라며 나를 꼭 안아 주셨다. 잠깐이었지만, 엄마를 영영 못 보게 될까 봐 정말 깜짝 놀랐었다.

당황스러운
- 뜻: 예상치 못한 일로 어찌할 바를 모르는.
- 예: 유리컵을 깨뜨려 **당황스러운** 마음이 들었다.

훌쩍훌쩍
- 뜻: 콧물을 들이마시거나 흐느껴 우는 소리 또는 모양.
- 예: 감기에 걸린 형은 계속 코를 **훌쩍훌쩍** 들이마셨다.

얼른
- 뜻: 시간을 끌지 않고 곧바로.
- 예: 편찮으신 할머니께 "**얼른** 나으세요."라고 말씀드렸다.

꾸밈말 따라 쓰기

꾸밈말 단어를 바른 글씨로 따라 써 보세요.

| 당 | 황 | 스 | 러 | 운 | | | | |

| 훌 | 쩍 | 훌 | 쩍 | | | | |

| 얼 | 른 | | | | | | | |

꾸밈말 글쓰기

🚩 OX 퀴즈

꾸밈말을 바르게 사용했으면 ○표, 틀리게 사용했으면 ✗표 해 보세요.

1. 해가 졌으니 얼른 집으로 돌아가야 한다. ☐

2. 예상치 못한 질문에 나는 당황스러운 표정을 지었다. ☐

3. 자전거를 타다 넘어진 아이가 훌쩍훌쩍 울기 시작했다. ☐

🚩 짧은 문장 쓰기

<보기> 속 단어를 하나 사용해 꾸밈이와 문장 쓰기 놀이를 해 보세요.

> 보기   당황스러운   훌쩍훌쩍   얼른

꾸밈이: 아이스크림은 녹기 전에 얼른 먹어야 한다.

나:

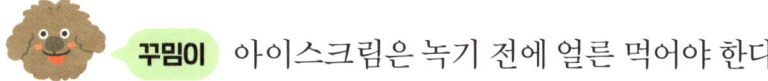

44 여러 / 쫄쫄 / 차근차근히

| 제목 | 특별했던 방학 날 |  |

지난 여름 방학, 우리 가족은 계곡에 다녀왔다. 더운 여름날 계곡에 가만히 앉아 물이 **쫄쫄** 흐르는 소리를 들으니 상쾌한 기분이 들었다. 오후에는 아빠와 함께 텐트를 **차근차근히** 설치하며 우리만의 작은 집을 준비했다. 밤에는 텐트 안에서 엄마, 아빠와 **여러** 이야기를 나눴다. 오랜만에 맛있는 음식도 먹고, 가족과 재밌는 시간을 보내서 특별했던 방학이었다.

여 러
- 뜻: 수가 많은.
- 예: 할머니 댁 마당에는 **여러** 꽃들이 피어 있었다.

쫄 쫄
- 뜻: 물이나 액체가 가늘게 흐르는 소리나 모양.
- 예: 수도꼭지가 덜 잠겼는지 수돗물이 **쫄쫄** 흐르고 있었다.

차 근 차 근 히
- 뜻: 말이나 행동을 천천히 순서대로 하는 모양.
- 예: 숙제를 **차근차근히** 하니 금방 끝낼 수 있었다.

꾸밈말 따라 쓰기

꾸밈말 단어를 바른 글씨로 따라 써 보세요.

여	러								

쫄	쫄								

차	근	차	근	히					

꾸밈말 글쓰기

🚩 선 연결하기

문장에 가장 잘 어울리는 꾸밈말을 연결해 보세요.

1. 동생은 장난감 설명서를 (　　　) 읽었다. •　　　• ㄱ 차근차근히

2. 강당에 (　　　) 사람이 모여 있다. •　　　• ㄴ 쫄쫄

3. 시냇물이 (　　　) 흐르는 소리가 들렸다. •　　　• ㄷ 여러

🚩 짧은 문장 쓰기

〈보기〉 속 단어를 하나 사용해 꾸밈이와 문장 쓰기 놀이를 해 보세요.

<보기>　　여러　쫄쫄　차근차근히

꾸밈이: 오늘 받아쓰기 시험에서 여러 문제를 틀렸어.

나:

45 특이한 / 후다닥 / 또렷이

제목 뜻밖의 선물을 받았던 날

과학 시간에 선생님께서 **특이한** 모양의 물건을 보여 주시며 "무엇에 쓰는 물건일까요?"라고 질문하셨다. 모두가 고민할 때, 나는 **후다닥** 손을 들어 "방향을 알아볼 때 사용하는 나침반이에요!"라고 대답했다. 책에서 본 기억이 **또렷이** 났기 때문에 자신 있었다. 내 대답을 들은 선생님께서는 "완벽한 정답이네요."라고 칭찬하시며 나침반을 선물로 주셨다. 나는 뜻밖의 선물에 기분이 무척 좋았다.

| 특 | 이 | 한 |

- 뜻: 다른 것과는 다르게 눈에 띄거나 독특한.
- 예: 선생님께서 **특이한** 모자를 쓰고 오셨다.

| 후 | 다 | 닥 |

- 뜻: 빠르게 움직이거나 일을 서둘러 해치우는 모양.
- 예: 종이 울리자 아이들은 운동장으로 **후다닥** 달려 나갔다.

| 또 | 렷 | 이 |

- 뜻: 흐리지 않고 분명하게.
- 예: 소희의 눈동자가 별처럼 **또렷이** 빛났다.

꾸밈말 따라 쓰기

꾸밈말 단어를 바른 글씨로 따라 써 보세요.

특	이	한
후	다	닥
또	렷	이

꾸밈말 글쓰기

🚩 단어 쓰기

빈칸에 꾸밈말 단어를 넣어 풍성한 문장을 만들어 보세요.

1. 오늘 숙제는 한 시간이면 끝낼 수 있다.
   ➡ 오늘 숙제는 한 시간이면 (   ) 끝낼 수 있다.

2. 멀리서 아빠의 목소리가 들렸다.
   ➡ 멀리서 아빠의 목소리가 (   ) 들렸다.

🚩 짧은 문장 쓰기

〈보기〉 속 단어를 하나 사용해 꾸밈이와 문장 쓰기 놀이를 해 보세요.

보기   특이한   후다닥   또렷이

 꾸밈이: 새로 나온 치킨에서 특이한 맛이 느껴졌다.

 나:

46 귀여운 / 어슬렁어슬렁 / 휘둥그레

| 제목 | 동물원에 갔던 날 |  |

동물원에 갔던 날, 나는 처음으로 **귀여운** 판다를 가까이에서 봤다. 판다가 **어슬렁어슬렁** 걸어 나와서 양손에 대나무를 쥐고 먹는 모습이 정말 사랑스러웠다. 곧이어 내가 판다처럼 나뭇잎을 먹는 흉내를 내자, 이 모습을 본 판다가 눈을 **휘둥그레** 떴다. 자기를 따라 하는 사람의 모습을 처음 봐서 놀랐던 걸까? 다시 동물원에 가게 된다면 또 그 판다를 보고 싶다.

귀여운
- 뜻: 예쁘거나 애교가 있어 사랑스러운.
- 예: 공원에서 **귀여운** 새끼 고양이를 만났다.

어슬렁어슬렁
- 뜻: 사람이나 짐승이 천천히 걷는 모양.
- 예: 사자가 **어슬렁어슬렁** 걸어간다.

휘둥그레
- 뜻: 깜짝 놀라거나 신기해서 눈을 크게 뜨는 모양.
- 예: 갑자기 내리친 번개에 영우의 눈이 **휘둥그레** 커졌다.

꾸밈말 따라 쓰기

꾸밈말 단어를 바른 글씨로 따라 써 보세요.

| 귀 | 여 | 운 | | | | | | |

| 어 | 슬 | 렁 | 어 | 슬 | 렁 | | | | | |

| 휘 | 둥 | 그 | 레 | | | | |

꾸밈말 글쓰기

🚩 단어 고르기

빈칸에 들어갈 알맞은 꾸밈말을 찾아 ✓표 해 보세요.

1.  지호는 공룡 발자국을 발견하고 눈을 (　　　) 떴다.
   - ☐ 휘둥그레   ☐ 구깃구깃

2. 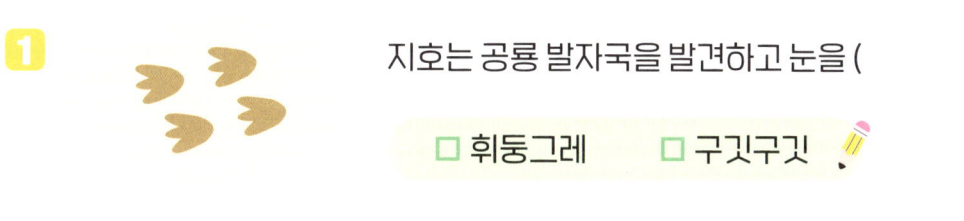 커다란 개 한 마리가 나를 향해 (　　　) 다가왔다.
   - ☐ 찰랑찰랑   ☐ 어슬렁어슬렁

🚩 짧은 문장 쓰기

〈보기〉 속 단어를 하나 사용해 꾸밈이와 문장 쓰기 놀이를 해 보세요.

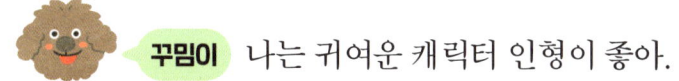 꾸밈이: 나는 귀여운 캐릭터 인형이 좋아.

 나:

47 총 / 쿵쾅쿵쾅 / 활발히

| 제목 | 놀이공원에 놀러 갔던 날 |  |

친구들과 놀이공원에 놀러 갔던 날, 나는 놀이공원에 도착하자마자 신이 났다. 우리는 **총** 네 명이라 짝을 맞추어 놀이기구를 탔다. 우리가 가장 먼저 탔던 것은 롤러코스터였는데, 타기 전부터 심장이 **쿵쾅쿵쾅** 뛰었다. 그날 우리는 놀이기구를 하나라도 더 타기 위해 점심도 먹지 않고, **활발히** 뛰어다녔다. 그리고 그곳의 놀이기구를 모두 탄 후에야 만족스러운 얼굴로 놀이공원을 떠날 수 있었다.

총
- 뜻: 모든 것을 다 합한 전체.
- 예: 우리 반에는 **총** 23개의 책상이 있다.

쿵쾅쿵쾅
- 뜻: 크고 작은 소리가 요란하게 뒤섞여 나는 소리.
- 예: 공사장에서 **쿵쾅쿵쾅** 공사하는 소리가 들렸다.

활발히
- 뜻: 힘차고 에너지 넘치게.
- 예: 올해 목표는 다양한 운동을 **활발히** 하는 것이다.

꾸밈말 따라 쓰기

꾸밈말 단어를 바른 글씨로 따라 써 보세요.

| 총 | | | | | | | |

| 쿵 | 쾅 | 쿵 | 쾅 | | | | |

| 활 | 발 | 히 | | | | | |

꾸밈말 글쓰기

▶ OX 퀴즈

꾸밈말을 바르게 사용했으면 ○표, 틀리게 사용했으면 ×표 해 보세요.

1. 이번 행사에는 총 오백 명 정도의 학생이 참여하였다.

2. 돌고래들이 바다에서 활발히 헤엄쳐 다녔다.

3. 은호는 잠깐 망설이더니 어쩔 수 없이 쿵쾅쿵쾅 대답했다.

▶ 짧은 문장 쓰기

〈보기〉 속 단어를 하나 사용해 꾸밈이와 문장 쓰기 놀이를 해 보세요.

보기: 총 쿵쾅쿵쾅 활발히

꾸밈이: 우리는 계단을 쿵쾅쿵쾅 뛰어 내려갔다.

나:

48 새하얀 / 펑펑 / 포근히

제목 눈싸움했던 날

눈이 **펑펑** 내렸던 날, 온 세상이 **새하얀** 눈으로 뒤덮여 마치 동화 속 세상 같았다. 나는 설레는 마음으로 아빠랑 눈싸움하며 재미있게 놀았다. 그런데 날씨가 너무 추워서 금방 지치고 말았다. 우리는 집으로 돌아와 이불을 덮고 **포근히** 낮잠을 잤다. 잠을 자고 일어난 뒤에도 밖에는 여전히 눈이 내리고 있었다. 나는 쏟아지는 눈을 보면서 "아빠! 우리 또 눈이 올 때 눈싸움해요!"라고 얘기했다.

새 하 얀
- **뜻** 깨끗한 눈이나 밀가루처럼 매우 흰.
- **예** **새하얀** 옷에 떡볶이 국물을 흘리고 말았다.

펑 펑
- **뜻** 눈이나 액체 따위가 많이 쏟아지는 모양.
- **예** 축구공에 얼굴을 맞은 서준이는 코피를 **펑펑** 흘렸다.

포 근 히
- **뜻** 따뜻하고 보드랍게.
- **예** 따뜻한 햇볕이 우리를 **포근히** 감싸 주었다.

꾸밈말 따라 쓰기

꾸밈말 단어를 바른 글씨로 따라 써 보세요.

새하얀

펑펑

포근히

꾸밈말 글쓰기

🚩 선 연결하기

문장에 가장 잘 어울리는 꾸밈말을 연결해 보세요.

1. 엄마는 나와 동생을 (   ) 안아 주셨다.   •   • ㄱ 펑펑

2. 동화책 내용이 너무 슬퍼서 (   ) 울었다.   •   • ㄴ 새하얀

3. (   ) 소프트아이스크림을 먹고 싶다.   •   • ㄷ 포근히

🚩 짧은 문장 쓰기

〈보기〉 속 단어를 하나 사용해 꾸밈이와 문장 쓰기 놀이를 해 보세요.

| 보기 | 새하얀 펑펑 포근히 |

꾸밈이: 새해부터 함박눈이 펑펑 쏟아져 내렸다.

나:

49 저 / 구깃구깃 / 깜짝

| 제목 | 신기했던 크리스마스 날 |  |

크리스마스 아침, 나는 트리 밑에 선물이 놓여 있는 걸 보고 "진짜 산타 할아버지가 오셨나 봐요!"라고 외쳤다. 그 순간, "저 두 가지 선물 중에 하나만 네 거야."라고 엄마가 말씀하셨다. 나는 고민 끝에 구깃구깃 주름진 포장지로 감싸진 선물을 골랐다. 포장지를 뜯어 보니, 내가 가지고 싶었던 축구공이 들어 있어서 깜짝 놀랐다. 산타 할아버지께서 내 머릿속에 들어갔다 나오신 걸까? 너무 신기했다.

저
- 뜻: 말하는 사람과 듣는 사람에게서 멀리 떨어져 있는 대상을 가리키는 말.
- 예: 저 멀리 보이는 산이 한라산이야.

구깃구깃
- 뜻: 함부로 구겨진 모양.
- 예: 승하는 구깃구깃 접힌 종이를 펼쳤다.

깜짝
- 뜻: 갑자기 놀란 모양.
- 예: 고양이가 갑자기 골목에서 튀어나와서 깜짝 놀랐다.

꾸밈말 따라 쓰기

꾸밈말 단어를 바른 글씨로 따라 써 보세요.

| 저 | | | | | | | |

| 구 | 깃 | 구 | 깃 | | | | |

| 깜 | 짝 | | | | | | |

꾸밈말 글쓰기

▶ 단어 쓰기

빈칸에 꾸밈말 단어를 넣어 풍성한 문장을 만들어 보세요.

1.  구겨진 돈이 바닥에 떨어져 있었다.
   ➡ (   ) 구겨진 돈이 바닥에 떨어져 있었다.

2.  지나가는 사람을 좀 봐.
   ➡ (   ) 지나가는 사람을 좀 봐.

▶ 짧은 문장 쓰기

〈보기〉 속 단어를 하나 사용해 꾸밈이와 문장 쓰기 놀이를 해 보세요.

> 보기   저   구깃구깃   깜짝

 꾸밈이: 나는 깜짝 놀라서 들고 있던 컵을 떨어뜨렸다.

 나:

정답 구깃구깃/저

50 흥미진진한 / 덜거덩덜거덩 / 용감히

| 제목 | 친구와 놀았던 날 |  |

방과 후 수업이 끝나고 내 친구 범이와 놀이터에 놀러 갔다. 시소가 고장이 났는지 탈 때마다 덜거덩덜거덩 소리가 났다. 그래도 우리는 무서워하지 않고, 서로 더 높이 올라가려고 용감히 발을 밀었다. 시소에서 소리가 나서 오히려 더 흥미진진한 느낌이 들었다. 재밌게 놀다가 집으로 돌아오는 길에는 범이에게 "내일 또 놀자!"라고 말하며 다음 약속을 잡았다.

흥미진진한
- 뜻: 매우 재미있고 흥미로운 기분이 드는.
- 예: 소꿉친구와 흥미진진한 게임을 했다.

덜거덩덜거덩
- 뜻: 큰 물체가 흔들리고 부딪쳐 나는 소리.
- 예: 트럭이 덜거덩덜거덩 길을 지나갔다.

용감히
- 뜻: 씩씩하고 용기 있게.
- 예: 지난번 실패했던 자전거 타기에 다시 용감히 도전했다.

꾸밈말 따라 쓰기

꾸밈말 단어를 바른 글씨로 따라 써 보세요.

흥	미	진	진	한
덜	거	덩	덜	거	덩
용	감	히

꾸밈말 글쓰기

🚩 단어 고르기

빈칸에 들어갈 알맞은 꾸밈말을 찾아 ✓표 해 보세요.

1. 거센 비바람에 창문이 (　　　) 흔들렸다.
   ☐ 덜거덩덜거덩　　☐ 멈칫멈칫

2. 나는 무서웠지만, (　　　) 다이빙했다.
   ☐ 몹시　　☐ 용감히

🚩 짧은 문장 쓰기

〈보기〉 속 단어를 하나 사용해 꾸밈이와 문장 쓰기 놀이를 해 보세요.

> **보기**　흥미진진한　덜거덩덜거덩　용감히

꾸밈이: 이 책은 흥미진진한 옛날이야기를 모아 놓은 책이야.

나:

정답　덜거덩덜거덩/용감히

51 첫 / 따르릉 / 서서히

| 제목 | 처음 자전거를 탔던 날 |  |

두발자전거 타기 **첫** 도전 날, 나는 긴장되면서도 기대됐다. 연습하면서 몇 번이나 넘어질 뻔했지만, 아빠의 도움으로 점차 균형을 잡을 수 있었다. 마침내 혼자 **서서히** 페달을 밟아 앞으로 나아가게 됐을 때는 너무 기뻐서 환호성이 나왔다. 그때 아빠의 휴대폰에서 **따르릉** 전화벨이 울렸다. 내가 자전거를 잘 타는지 물어보는 엄마의 전화였다. 나는 큰 소리로 "지금 혼자 타고 있어요!"라고 외쳤다.

첫
- 뜻) 제일 처음의.
- 예) 설렘 가득했던 첫 등굣길이 아직도 생각난다.

따르릉
- 뜻) 전화벨이나 자명종 등이 울리는 소리.
- 예) 조심하세요, 따르릉 자전거가 지나갑니다.

서서히
- 뜻) 급하지 않게 아주 천천히.
- 예) 날씨가 서서히 따뜻해지고 있다.

꾸밈말 따라 쓰기

꾸밈말 단어를 바른 글씨로 따라 써 보세요.

첫							

따	르	릉					

서	서	히					

꾸밈말 글쓰기

🚩 OX 퀴즈

꾸밈말을 바르게 사용했으면 ○표, 틀리게 사용했으면 ✕표 해 보세요.

1. 나는 따르릉 전화벨이 울리자마자 전화를 받았다. ☐

2. 이모께서 첫 월급을 받았다며 치킨을 사 주셨다. ☐

3. 나는 속력을 올려 점점 더 서서히 달렸다. ☐

🚩 짧은 문장 쓰기

〈보기〉 속 단어를 하나 사용해 꾸밈이와 문장 쓰기 놀이를 해 보세요.

> **보기** 첫   따르릉   서서히

꾸밈이: 우리의 첫 만남 장소는 공원 놀이터였다.

나:

정답 O/O/✕   113

52 평화로운 / 사각사각 / 한가로이

| 제목 | 할머니 댁에 갔던 날 |  |

이번 어버이날에 부모님과 함께 할머니 댁에 놀러 갔다. 할머니 댁 베란다에는 예쁜 꽃들이 가득 피어 있어 **평화로운** 분위기가 느껴졌다. 나는 거실에 앉아 **사각사각** 배를 먹으며 할머니와 이야기를 나눴다. **한가로이** 시간을 보내다 보니 마음이 편안해져서 잠시 할머니의 무릎을 베고 달콤한 낮잠을 자기도 했다. 그리고 저녁에는 할머니께서 차려 주신 맛있는 음식도 배불리 먹었다.

평화로운
- 뜻: 조용하고 편안하며 화목한.
- 예: 캠핑장에서 가족들과 평화로운 시간을 보냈다.

사각사각
- 뜻: 연한 과자나 사과, 배 등을 씹을 때 나는 소리.
- 예: 토끼가 배추를 사각사각 맛있게 먹는다.

한가로이
- 뜻: 시간이 많아 느긋하고 여유롭게.
- 예: 지희는 나무 아래에 누워 한가로이 책을 읽었다.

꾸밈말 따라 쓰기

꾸밈말 단어를 바른 글씨로 따라 써 보세요.

평	화	로	운
사	각	사	각
한	가	로	이

꾸밈말 글쓰기

🚩 선 연결하기

문장에 가장 잘 어울리는 꾸밈말을 연결해 보세요.

1. 지금 (　　) 젤리를 먹고 있을 때가 아니야!　•　　•　ㄱ 사각사각

2. 우리 집은 일 년 내내 (　　) 곳이다.　•　　•　ㄴ 한가로이

3. 라면이랑 (　　) 무김치를 같이 먹으면 맛있다.　•　　•　ㄷ 평화로운

🚩 짧은 문장 쓰기

〈보기〉 속 단어를 하나 사용해 꾸밈이와 문장 쓰기 놀이를 해 보세요.

　평화로운　사각사각　한가로이

 꾸밈이　언니는 커다란 사과를 사각사각 소리 내며 먹었다.

 나

53 반가운 / 찌릿찌릿 / 활짝

| 제목 | 콘서트를 보고 왔던 날 |  |

기다리던 콘서트 날, 나는 좋아하는 가수를 보기 위해 설레는 마음으로 공연장에 갔다. 공연이 시작되고, 멀리서 그 가수가 보이자 **반가운** 마음에 손을 흔들었다. 공연 중에는 가수가 내 앞으로 가까이 다가왔는데, 심장에 **찌릿찌릿** 전기가 흐르는 기분이 들었다. 나를 보고 **활짝** 웃어 줄 때는 정말 하늘을 날아갈 것 같았다. 나중에 다시 만나게 된다면 "정말 팬이에요!"라고 말하고 싶다.

반가운
- 뜻: 보고 싶었던 사람을 만나거나 원하던 일이 이루어져서 기쁜.
- 예: 우리가 같은 반이 되었다니 정말 **반가운** 소식이야.

찌릿찌릿
- 뜻: 몸이나 마음이 매우 저린 느낌.
- 예: 넘어져서 다친 무릎이 **찌릿찌릿** 저리다.

활짝
- 뜻: 얼굴이 밝거나 웃음을 가득 띤 모양.
- 예: 교장 선생님께서 나를 보고 **활짝** 웃어 주셔서 기뻤다.

꾸밈말 따라 쓰기

꾸밈말 단어를 바른 글씨로 따라 써 보세요.

반	가	운						
찌	릿	찌	릿					
활	짝							

꾸밈말 글쓰기

▶ 단어 쓰기

빈칸에 꾸밈말 단어를 넣어 풍성한 문장을 만들어 보세요.

1. 나 때문에 동생이 혼나서 가슴이 아프다.
   ➡ 나 때문에 동생이 혼나서 가슴이 (   ) 아프다.

2. 나는 소이의 웃는 얼굴을 좋아한다.
   ➡ 나는 소이의 (   ) 웃는 얼굴을 좋아한다.

▶ 짧은 문장 쓰기

〈보기〉 속 단어를 하나 사용해 꾸밈이와 문장 쓰기 놀이를 해 보세요.

| 보기 | 반가운   찌릿찌릿   활짝 |

꾸밈이: 너무 반가운 마음에 큰 소리로 친구에게 인사했어.

나:

54 진지한 / 또르르 / 부지런히

제목 뿌듯했던 학예회 날

지난 학예회에서 친구들과 연극을 했다. 내 차례가 되어 무대에 섰을 때, 나는 곧바로 진지한 표정으로 연기했다. 그런데 하필 그 순간, 내 옷의 단추가 갑자기 또르르 떨어져 버렸다. 나는 무척 당황했지만, 친구들이 도와줘서 무사히 내 역할을 마칠 수 있었다. 정말 다행이었다. 우리 반 모두가 서로 배려하고 부지런히 연습한 덕분에 연극을 성공적으로 마무리할 수 있었던 것 같다.

진 지 한
- 뜻: 마음이나 행동이 진실하고 올바르며 착실한.
- 예: 은지는 나에게 진지한 표정으로 조언해 주었다.

또 르 르
- 뜻: 작고 동그란 게 가볍게 굴러가는 소리나 모양.
- 예: 이마에 맺혀 있던 땀방울이 또르르 흘러내렸다.

부 지 런 히
- 뜻: 어떤 일을 미루지 않고 꾸준하게 열심히.
- 예: 개미들이 부지런히 과자를 물어 나르고 있다.

꾸밈말 따라 쓰기

꾸밈말 단어를 바른 글씨로 따라 써 보세요.

진	지	한
또	르	르
부	지	런	히

꾸밈말 글쓰기

🚩 단어 고르기

빈칸에 들어갈 알맞은 꾸밈말을 찾아 ✓표 해 보세요.

1. 주머니에서 떨어진 동전이 (　　　) 굴러갔다.
   ☐ 또르르　　☐ 짜르르

2. 호준이는 (　　　) 성격이라 농담을 잘 하지 않는다.
   ☐ 편한　　☐ 진지한

🚩 짧은 문장 쓰기

〈보기〉 속 단어를 하나 사용해 꾸밈이와 문장 쓰기 놀이를 해 보세요.

보기　　진지한　또르르　부지런히

꾸밈이: 우리 가족은 여행에 필요한 짐을 아침부터 부지런히 챙겼다.

나:

정답: 또르르/진지한

55 반짝이는 / 사르르 / 고요히

| 제목 | 제주도로 여행 갔던 날 |  |

우리 가족은 제주 공항에 도착하자마자 예약한 렌터카를 타고, 전망이 멋진 카페에 갔다. 창밖에 펼쳐진 **반짝이는** 바다를 보니, 이제야 제주도에 왔다는 게 실감 났다. 나는 따뜻한 핫초코를 마시며 넓은 바다를 **고요히** 바라보았다. 그러다 나도 모르게 **사르르** 잠이 들었다. 깨어나 보니 엄마랑 아빠가 웃으며 나를 지켜보고 계셨다. 그 순간, 나는 이렇게 말했다. "낮잠도 잤으니 한라봉 먹으러 갈까요?"

반짝이는
- 뜻: 빛이 잠깐 나타났다가 사라지는.
- 예: 나는 기념품 가게에서 **반짝이는** 조개 목걸이를 샀다.

사르르
- 뜻: 졸음이 오는 모양. 또는 눈을 감거나 뜨는 모양.
- 예: 따뜻한 집에 들어오자 **사르르** 졸음이 쏟아졌다.

고요히
- 뜻: 소리나 움직임 없이 아주 조용하고 평화롭게.
- 예: 솔이는 아름다운 미술 작품들을 **고요히** 감상했다.

꾸밈말 따라 쓰기

꾸밈말 단어를 바른 글씨로 따라 써 보세요.

반	짝	이	는				

사	르	르					

고	요	히					

꾸밈말 글쓰기

▶ OX 퀴즈

꾸밈말을 바르게 사용했으면 ○표, 틀리게 사용했으면 ×표 해 보세요.

1. 피곤이 몰려왔는지 침대에 눕자마자 사르르 눈이 감겼다. ☐

2. 갑자기 교실 분위기가 고요히 가라앉았다. ☐

3. 주영이는 반짝이는 아이디어로 최우수 발명왕이 되었다. ☐

▶ 짧은 문장 쓰기

〈보기〉 속 단어를 하나 사용해 꾸밈이와 문장 쓰기 놀이를 해 보세요.

보기   반짝이는   사르르   고요히

꾸밈이: 별이 무수히 반짝이는 밤하늘을 올려다보았다.

나:

56 시원한 / 철썩철썩 / 하마터면

제목 워터 파크에서 놀았던 날

워터 파크에 도착하자마자 나는 사촌들과 시원한 물놀이장으로 뛰어들었다. 짜릿한 미끄럼틀도 탔는데, 물이 철썩철썩 튀어 올라서 더 신이 났다. 너무 빠르게 내려오는 바람에 하마터면 물에 얼굴이 잠길 뻔했지만, 사촌 형이 잡아 줘서 괜찮았다. 우리는 중간중간 간식을 먹으면서 6시간이나 물놀이했다. 물놀이는 정말 재밌는 것 같다. 다음에는 더 오랫동안 물놀이해야지!

시원한
- 뜻: 덥거나 춥지 않고 알맞게 차가운.
- 예: 창문을 열었더니 시원한 바람이 솔솔 들어왔다.

철썩철썩
- 뜻: 많은 양의 물이 어딘가 자꾸 부딪치는 소리나 모양.
- 예: 태풍이 오려는지 철썩철썩 파도 소리가 거세졌다.

하마터면
- 뜻: 조금만 잘못했더라면.
- 예: 급하게 달리다가 하마터면 넘어질 뻔했다.

꾸밈말 따라 쓰기

꾸밈말 단어를 바른 글씨로 따라 써 보세요.

| 시 | 원 | 한 |

| 철 | 썩 | 철 | 썩 |

| 하 | 마 | 터 | 면 |

꾸밈말 글쓰기

🚩 선 연결하기

문장에 가장 잘 어울리는 꾸밈말을 연결해 보세요.

1. 냉동실에서 (   ) 우유를 꺼내 마셨다. •　　　• ㄱ 철썩철썩

2. 늦잠을 자는 바람에 (   ) 지각할 뻔했다. •　　　• ㄴ 시원한

3. 커다란 파도가 바윗돌에 (   ) 부딪쳤다. •　　　• ㄷ 하마터면

🚩 짧은 문장 쓰기

〈보기〉 속 단어를 하나 사용해 꾸밈이와 문장 쓰기 놀이를 해 보세요.

| 보기 | 시원한　철썩철썩　하마터면 |

꾸밈이: 오늘은 점심으로 시원한 냉면을 먹었어.

나:

57 기쁜 / 까르르 / 슬쩍

제목	새로운 친구를 만났던 날

집 앞 놀이터에서 혼자 공을 차고 있었는데, 내 또래로 보이는 한 아이가 보였다. 나는 "같이 놀래?"라며 **슬쩍** 말을 붙였다. 잠시 후 우리는 **까르르** 웃고 놀며 함께 공을 주고받았다. 우리는 금세 가까워졌고, 그 친구가 다음 주에 우리 학교로 전학 온다는 사실을 알게 되었다. 동네에 학교 친구가 생기다니! 너무 **기쁜** 소식이었다. 짝꿍에게도 이 소식을 얼른 말해 줘야겠다.

- 뜻: 좋은 일이 생겨서 마음이 즐겁고 행복한.
- 예: 반 대표로 상장을 받아서 **기쁜** 마음이 들었다.

- 뜻: 매우 밝고 즐겁게 웃는 소리나 모양.
- 예: 내가 재미있는 이야기를 하자 친구가 **까르르** 웃었다.

- 뜻: 표가 나지 않게 넌지시.
- 예: 준이는 퀴즈의 정답을 나에게만 **슬쩍** 알려 주었다.

꾸밈말 따라 쓰기

꾸밈말 단어를 바른 글씨로 따라 써 보세요.

기	쁜								

까	르	르							

슬	쩍								

꾸밈말 글쓰기

▶ 단어 쓰기

빈칸에 꾸밈말 단어를 넣어 풍성한 문장을 만들어 보세요.

1.  친구들이 이야기를 나누며 웃었다.
   ➡ 친구들이 이야기를 나누며 (　　　　　) 웃었다.

2. 친구에게 생일 선물로 원하는 게 있는지 물어보았다.
   ➡ 친구에게 생일 선물로 원하는 게 있는지 (　　　　　) 물어보았다.

▶ 짧은 문장 쓰기

<보기> 속 단어를 하나 사용해 꾸밈이와 문장 쓰기 놀이를 해 보세요.

> 보기　　기쁜　까르르　슬쩍

꾸밈이: 형이 대학교에 합격했다는 기쁜 소식을 들었다.

나:

정답 까르르/슬쩍

58 그까짓 / 뚝뚝 / 분명히

제목 용감하게 도전했던 날

철봉 턱걸이에 도전했던 날, 친구들이 턱걸이 하는 모습을 보니 살짝 걱정됐다. 하지만 '그까짓 턱걸이 정도는 나도 분명히 할 수 있을 거야!'라고 스스로 주문을 걸었다. 내 차례가 되었을 때, 나는 철봉을 잡고 팔에 힘을 잔뜩 주며 올라갔다. 땀이 뚝뚝 떨어졌지만, 끝까지 포기하지 않고 결국 턱걸이에 성공했다. 친구들도 나를 축하해 주었다. 그때 느꼈던 성취감은 앞으로도 잊지 못할 것 같다.

그까짓
- 뜻: 겨우 그만한 정도의.
- 예: 그까짓 문제는 쉽게 풀 수 있지.

뚝뚝
- 뜻: 큰 물체나 물방울이 아래로 떨어지는 소리나 모양.
- 예: 날이 풀리자, 고드름 끝에서 물이 뚝뚝 떨어졌다.

분명히
- 뜻: 틀림없이 확실하게.
- 예: 길 건너편에 있는 사람은 분명히 우리 선생님이야.

꾸밈말 따라 쓰기

꾸밈말 단어를 바른 글씨로 따라 써 보세요.

| 그 | 까 | 짓 | | | | | | |

| 뚝 | 뚝 | | | | | | | |

| 분 | 명 | 히 | | | | | | |

꾸밈말 글쓰기

🚩 단어 고르기

빈칸에 들어갈 알맞은 꾸밈말을 찾아 ✓표 해 보세요.

1　　(　　　) 작은 일로 속상해하지 않아도 돼.

　　☐ 그까짓　　☐ 재미있는

2　　긍정적으로 생각하면 (　　　) 좋은 일이 생길 거야.

　　☐ 분명히　　☐ 성실히

🚩 짧은 문장 쓰기

〈보기〉 속 단어를 하나 사용해 꾸밈이와 문장 쓰기 놀이를 해 보세요.

> **보기**　　그까짓　뚝뚝　분명히

꾸밈이 갑자기 굵은 빗방울이 뚝뚝 떨어지기 시작했다.

나

정답　그까짓/분명히　127

59 푸짐한 / 차곡차곡 / 열성껏

제목 부모님과 김장했던 날

지난겨울에 처음으로 부모님을 도와 김장을 했다. 거실 한구석에 쌓여 있는 **푸짐한** 배추들을 보니, 김장하는 날이 실감 났다. 그날 내 역할은 배추를 옮기는 것이었다. 엄마는 내가 가지고 온 배추에 양념을 바르셨고, 아빠는 양념 발린 배추를 **차곡차곡** 김치통에 넣으셨다. 김장이 다 끝난 후에는 우리가 **열성껏** 만든 김치와 수육을 먹었는데, 다시 생각해도 침이 고일 만큼 정말 맛있었다.

푸짐한
- **뜻** 부족함 없이 넉넉한.
- **예** 상다리가 부러질 듯 **푸짐한** 밥상에 절로 침이 고였다.

차곡차곡
- **뜻** 물건을 가지런히 겹쳐 쌓는 모양.
- **예** 다 마른 수건을 **차곡차곡** 접어 두었다.

열성껏
- **뜻** 아주 열심히 최선을 다하여.
- **예** 나는 아빠를 도와 **열성껏** 요리했다.

꾸밈말 따라 쓰기

꾸밈말 단어를 바른 글씨로 따라 써 보세요.

푸	짐	한
차	곡	차	곡
열	성	껏

꾸밈말 글쓰기

🚩 OX 퀴즈

꾸밈말을 바르게 사용했으면 ○표, 틀리게 사용했으면 ✕표 해 보세요.

1. 소풍날 아침, 엄마가 푸짐한 도시락을 싸 주셨다. ☐
2. 가지런히 정리된 블록들을 차곡차곡 쓰러뜨렸다. ☐
3. 무슨 일이든 열성껏 해내는 미소의 모습이 멋있다. ☐

🚩 짧은 문장 쓰기

〈보기〉 속 단어를 하나 사용해 꾸밈이와 문장 쓰기 놀이를 해 보세요.

> 보기   푸짐한   차곡차곡   열성껏

꾸밈이: 나는 축구 경기를 보며 우리 팀을 열성껏 응원했다.

나:

정답 O/X/O

60 아픈 / 절뚝절뚝 / 조심히

제목 다쳐서 아팠던 날

운동장에서 친구들과 축구를 하다가 발목을 삐었던 적이 있다. 너무 **아픈** 나머지 일어날 수 없어서 친구들이 달려와 도와주었다. 나는 다리를 **절뚝절뚝** 절며 보건실로 걸어갔다. 보건 선생님께서는 발목에 얼음을 대 주신 다음, 아프지 않게 **조심히** 붕대를 감아 주셨다. 잠시 후 교실에 돌아왔더니 친구들이 괜찮냐며 걱정해 주었다. 발목은 아팠지만, 친구들의 따뜻한 마음을 가득 느낄 수 있었다.

아	픈

🔍 **뜻** 몸이 다치거나 자극을 받아 괴로움을 느끼는.
📝 **예** 의사 선생님께서 내가 **아픈** 곳을 정확히 가리키셨다.

절	뚝	절	뚝

🔍 **뜻** 한쪽 다리가 아파서 자꾸 기울어진 채 걷는 모양.
📝 **예** 나는 무릎을 다쳐서 집으로 **절뚝절뚝** 걸어갔다.

조	심	히

🔍 **뜻** 잘못하거나 실수하지 않도록 신중하게.
📝 **예** 길을 건널 때는 주위를 **조심히** 살펴야 한다.

꾸밈말 따라 쓰기

꾸밈말 단어를 바른 글씨로 따라 써 보세요.

아 픈

절 뚝 절 뚝

조 심 히

꾸밈말 글쓰기

🚩 선 연결하기

문장에 가장 잘 어울리는 꾸밈말을 연결해 보세요.

1. 감기 걸려서 (　　) 목에는 따뜻한 차가 좋다. •　　• ㄱ 절뚝절뚝

2. 공사장 근처를 (　　) 지나갔다. •　　• ㄴ 아픈

3. 강아지가 다리를 다쳤는지 (　　) 걸어요. •　　• ㄷ 조심히

🚩 짧은 문장 쓰기

〈보기〉 속 단어를 하나 사용해 꾸밈이와 문장 쓰기 놀이를 해 보세요.

> 보기　　아픈　절뚝절뚝　조심히

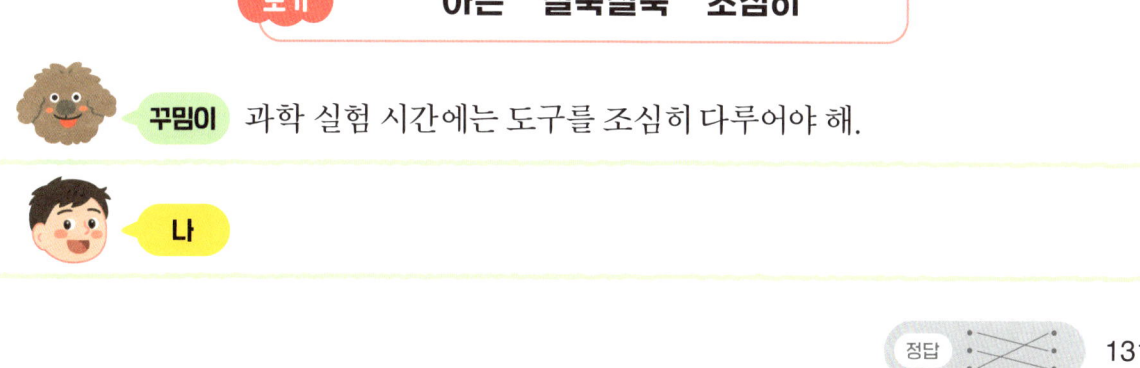

꾸밈이: 과학 실험 시간에는 도구를 조심히 다루어야 해.

나:

**표현력 키우는
꾸밈말 글쓰기**

지은이 올바른초등교육연구소
그린이 권도언
펴낸이 정규도
펴낸곳 (주)다락원

초판 1쇄 발행 2025년 06월 25일

편집 조선영
디자인 부가트 디자인

다락원 경기도 파주시 문발로 211
내용문의 (02) 736-2031 내선 276
구입문의 (02) 736-2031 내선 250~252
Fax (02) 732-2037

출판등록 1977년 9월 16일 제406-2008-000007호

Copyright ⓒ 2025, 올바른초등교육연구소

저자 및 출판사의 허락 없이 이 책의 일부 또는 전부를 무단 복제·전재·발췌할 수 없습니다. 구입 후 철회는 회사 내규에 부합하는 경우에 가능하므로 구입문의처에 문의하시기 바랍니다. 분실·파손 등에 따른 소비자 피해에 대해서는 공정거래위원회에서 고시한 소비자 분쟁 해결 기준에 따라 보상 가능합니다. 잘못된 책은 바꿔 드립니다.

ISBN 978-89-277-4822-9 73700

http://www.darakwon.co.kr
다락원 홈페이지를 통해 인터넷 주문을 하시면 자세한 정보와 함께 다양한 혜택을 받으실 수 있습니다.